» LES ESSAIS «

죽음을 모른다고
걱정하지 마라

죽음을 모른다고
격정하지 마라

영혼의 철학자 몽테뉴 인생 수업

가려 뽑아 새로 번역한 《수상록》
미셸 에켐 드 몽테뉴 지음 · 고봉만 엮고 옮김

아를

미셸 에켐 드 몽테뉴, 1570년경

자기 존재를 있는 그대로 누리는 것이야말로
절대적인 완성이며, 신적인 완성이다. 가장 아름다운 삶은
보편적이고 인간적인 본보기를 따르는 삶, 질서가 있으면서
특별함도 괴상함도 없는 보통의 삶이다.

—제3권 13장 〈경험에 대하여〉 중에서

머리말

죽음을 배운 사람에게
인생에서 나쁜 것은 아무것도 없다

"연륜이 쌓인다고
지혜가 저절로 생기는 것은 아니다."

내가 몽테뉴의 《수상록》을 가려 뽑아 번역할 생각을 하게 된 것은 순전히 이 문장 때문이었다. 이 문장을 《수상록》에서 읽고 머리를 주먹으로 한 대 맞은 듯 잠에서 깨어났다. 그것은 그동안 어리석고 쓸데없는 자존심을 내세우고, 따분한 수다나 떨고, 사소한 일에 성을 내고, 명리에 사로잡히거나 과욕에 짓눌려 무겁고 갑갑했던 내 몸과 마음에 선명한 흔적을 남겼다.

    나는 지난 몇 년간 내 연배의 탐욕과 분노, 어리석

음에 넌더리가 나 있었다. 한바탕 곤두박질을 치고 난 기분이었다. 김명순 시인의 표현을 빌리자면 "아 아 너희들은 내 맘의 아픈 아이들 / 그렇듯이 내 마음은 피맞아"⟨내 가슴에⟩ 깨져 있었다. 침착하고 꿋꿋하게 세상을 대하려 했지만 생각처럼 녹록한 일은 아니었다. 그때의 혼란과 방황을 이해하는 데는 적지 않은 시간이 걸렸다. 동네 뒷산을 다니면서 마음을 비우려고 애썼다. 사사로움을 줄이고 욕심을 버리니 마음이 안정되고 몸이 두루 가벼워졌다. 혹여 그 '비움의 미덕'을 잃을까 두려워 몽테뉴의 《수상록》을 끼고 살면서 아침저녁으로 읽었다.

보르헤스의 말처럼 독서는 삶에서 행복을 얻는 방법 가운데 하나이다. 나는 때로는 욕망을 덜어내고 화를 피하고 허물을 없애기 위해, 때로는 위로를 얻고 인생의 지혜를 구하기 위해 몽테뉴를 읽고 또 읽었다.

고통스러운 생각에 사로잡히면 그것을 억제하기보다 생각을 바꾸는 편이 훨씬 빨리 극복하는 데 도움이 된다. 생각을 전혀 다른 것으로 바꿀 수 없다면 반대로

생각한다. 생각을 바꾸면 위안을 얻고, 문제가 풀리고, 번민이 없어진다. (제3권 4장)

꽃

돌이켜보면 나는 이십 대 초반부터 거의 십 년에 한 번씩 《수상록》을 찾아 읽곤 했다. 그때마다 몽테뉴는 내게 살아 있는 사람이 줄 수 없는 무언가를 주었다.

스무 살에는 꿈을 갖기 위해 읽었다. 도서관 서가에 꽂힌 귀스타브 랑송Gustave Lanson의 《불문학사Manuel illustré d'histoire de la littérature française》는 당시 불문학도에게는 교과서와 같은 책이었다. 그 책의 한글 번역판 표지에는 프랑스 문학을 빛낸 세 명의 초상이 그려져 있었는데, 바로 루소와 몰리에르, 그리고 몽테뉴였다.

그 무렵 내 앞에 놓인 인생은 모호하고 미래는 불투명했다. 나는 이유를 알 수 없이 기갈이 든 사람처럼 그 책 표지에 있는 작가들의 작품을 읽는 데 몰두했다. 그때 도서관 후미진 곳에서 읽은 루소와 몽테뉴의 책들은 내가 누구인지, 내 꿈이 무엇인지, 그 실체를 자각할 수 있게 해주었고 우울한 시대를 견딜 수 있는 용기를 주었으며, 한층 더 높은 삶의 목적을 향해 나아가게 해주었다.

서른에는 살기 위해 읽었다. 귀스타브 플로베르는 《수상록》에서 무엇을 얻어야 할지 궁금해하는 이들에게 이렇게 충고했다. "이 책은 재미를 찾는 어린아이처럼 읽지 마라. 야심 찬 사람처럼 교훈을 얻으려고 읽지도 마라. 오직 '살기 위해서' 읽어라."

당시 나는 열심히 사는 것 외에는 아무런 희망이 없는 상태였다. 어떻게 하면 답답한 이 삶을 바꿀 수 있을까, 어떻게 해야 인생에 대한 비관적인 상상에서 벗어날 수 있을까. 현실이 던적스럽고 갈 길이 흐릿할 때마다 《수상록》을 아무 쪽이나 펼치고 닥치는 대로 읽었다. 몽테뉴를 꾸역꾸역 읽으며, 간난을 이겨낼 수 있는 길을 찾으려 애썼다. 움베르토 에코는 "책은 생명 보험이며, 불사不死를 위한 약간의 선금"이라고 말했는데, 나에게는 《수상록》이 바로 그런 책이었다.

마흔에는 타인을 이해하기 위해 읽었다. 여러 유형의 사람들과 눈을 맞추고 그들의 말에 귀를 기울이고,

그들과 더불어 소통하고 살아야 했다. 마음을 열지 않고, 손을 잡고 나란히 걷지 않으면, 신음만 하다가 인생의 봄을 제대로 누릴 수 없으리라는 생각이 들었다. 그때 다시 마주한 《수상록》은 타인의 '다름'을 어떻게 받아들여야 하는지, 사회란 무엇이고 우리를 둘러싼 세계와 문화를 어떻게 인식해야 하는지, 타인의 부름에 어떻게 마음을 열고 응답해야 하는지를 가르쳐주었다. 특히 1562년 10월, 몽테뉴가 프랑스 루앙에서 브라질 원주민 세 명을 만난 뒤에 쓴 글은 내 생각과 행동의 지침이 되었다.

> 사람들이 내게 전해준 바에 따르면, 그 나라에는 야만적이고 미개한 것은 전혀 없는 듯하다. 사람들 누구나 자기 풍습에 없는 것을 야만으로 단정하여 부를 뿐이다. 실제로 우리는 자기가 살고 있는 고장의 사고방식이나 풍습, 우리가 직접 관찰한 사례를 제외하면 진리나 이성의 척도를 갖고 있지 않다. 하지만 그 신대륙에도 완전한 종교와 완전한 정치가 있고, 모든 것에 대한 완벽하고 비할 바 없는 풍습이 있다. 우리가 그

들을 '야만인'이라고 부르는 것은, 자연이 저절로 자연스러운 과정을 통해 이룩한 성과를 '야만'이라고 부르는 것과 마찬가지다. 그러나 사실 우리가 인위적인 기교로 사물의 깊은 질서를 바꾸어놓는 일이야말로 야만이라고 할 수 있다. (제1권 30장 〈식인종에 관하여〉)

오십에는 나이 듦과 죽어감을 이해하기 위해 읽었다. 지인들 중에서 몸이 하나둘 예전 같지 않고, 불면에 시달리는 사람들이 늘어갔다. 나이가 들면서 뜻대로 되는 게 없어 보였다. 늙는다는 것을 과연 어떻게 받아들여야 하는가? 노화와 질병의 고통 앞에서 우리가 가져야 할 태도는 무엇인가?

오랫동안 병을 앓아온 사람들의 죽음을 지켜보고 내 안의 노년과 죽음에 대한 불안과 공포를 들여다보면서, "죽음을 걱정하느라 제대로 살지 못하는 것인지, 삶을 걱정하느라 제대로 죽지 못하는 것인지" 도무지 알 수가 없었다. 나이가 들면 늙게 마련이고 늙게 되면 죽을 수밖에 없다는데. 나이 듦과 죽어감을 마주하면서 우리는 어떻게 대처해야 하는가?

몽테뉴는 물었다. 왜 그다지도 애면글면하며 오래 살려고 하는가? 어차피 시간을 또다시 값없이 쓰고 고달프게 살 것이라면. "세상 사람들도 그대들과 같은 길을 가고 있지 않은가? 그대들과 함께 늙어가지 않는 것이 있는가?" 노화와 죽음으로부터 도망칠 수 없는데 어째서 그대들은 뒷걸음질 치는가?

몽테뉴는 말했다. "그대가 하루를 살았다면 그대는 모든 것을 본 것이다. 하루는 모든 날과 같기 때문이다. 다른 빛이 있는 것도 아니며, 다른 밤이 있는 것도 아니다. 저 태양, 저 달, 저 별들, 저 배치. 그것들은 그대의 조상들이 즐겼던 것과 같고, 또 그대의 자손들을 즐겁게 해줄 것이다." 나는 예순을 앞두고 이 말들에 마음을 붙이며 깊은 감명을 받았다.

❧

몽테뉴는 쉰아홉 살의 나이로 세상을 떠났다. 만약 그가 더 나이 들어 세상을 떠났다면 죽음에 대한 그의 생각이 달라졌을까? 확실하지 않다. 그는 〈철학이란 어떻게 죽어야 하는가를 배우는 것이다〉라는 장에서 때로는 앞뒤가 맞지 않는 여러 가지 충고를 늘어놓는데, 과연 그의 진짜 의중이 무엇일까 싶어 궁금할 때도 있다.

> 죽음이 어디서 우리를 기다리는지 알 수 없으니 어디서든 죽음을 기다리자. 죽음에 대해 미리 생각하는 것은 자유에 대해 미리 생각하는 것이다. 죽는 것을 배운 사람은 노예 상태에서 벗어난 사람이다. 생명의 상실이 나쁜 것만은 아님을 깨달은 사람에게 인생에서 나쁜 것이란 아무것도 없다. 죽는 법을 알면 우리는 모든 예속과 속박에서 벗어난다. (제1권 19장)

그의 충고대로 죽음에 대비할 기초를 다진다면 우리는 과연 죽음을 두려워하지 않고 편안하게 받아들일 수 있을까? 몽테뉴도 이 어려운 질문 앞에서 머뭇거리며 대답을 망설인다. 우리 모두처럼.

이 책은 《수상록》 가운데 죽음과 삶에 대한 통찰, 있는 그대로의 삶을 누리는 법에 대한 사유가 깃든 장들을 가려 뽑은 것이다. 또한 내가 이십 대부터 오십 대에 이르기까지 인생의 매 시기마다 나 자신에게 던진 질문에 대해 몽테뉴로부터 얻은 해답을 모은 책이기도 하다. 내가 몽테뉴를 읽으며 그랬듯이 여러분도 "타인을 가르치기 위해서가 아니라 바로 나를 가르치기 위해서" 이 책을 읽어 내려간다면, 지혜로 가득한 문장들 속에서 몽테뉴가 우리의 삶에 건네는 응원과 정확한 위로의 말을 만나게 되리라 확신한다.

몽테뉴는 "인생의 가치는 그 기간에 달린 것이 아니라 그것을 어떻게 사용했느냐에 달려 있다."라고 말했다. 여러분이 얼마나 살아왔든 간에 또는 인생의 어느 지점을 지나고 있든 간에 이 책이 삶과 죽음을 전과 다르게 바라보고 배우도록 이끌어줌으로써 '지금 여기hic et nunc'의 삶을 더욱 가치 있고 빛나게 만들어 주기를 바란다.

고봉만

차례

머리말
죽음을 배운 사람에게 인생에서 나쁜 것은 아무것도 없다 ... 7

《수상록》의 판본에 대하여 ... 19

죽음을 가르치는 자는 삶도 가르친다 ... 23
제1권 19장 · 철학이란 어떻게 죽어야 하는가를 배우는 것이다

죽음에 익숙해지는 사람은 없다 ... 71
제2권 6장 · 훈련에 대하여

일 년이 넘는 계획은 세우지 마라 ... 103
제2권 28장 · 모든 일에는 알맞은 때가 있다

Le Essais

다시 살더라도 지금과 똑같이 살아라 ... 111
제3권 2장 · 후회에 대하여

죽음을 모른다고 걱정하지 마라 ... 151
제3권 12장 · 겉모습에 대하여

나는 춤출 때 춤추고 잠잘 때 잠잔다 ... 231
제3권 13장 · 경험에 대하여

해설
죽음의 철학에서 삶의 철학으로 ... 259

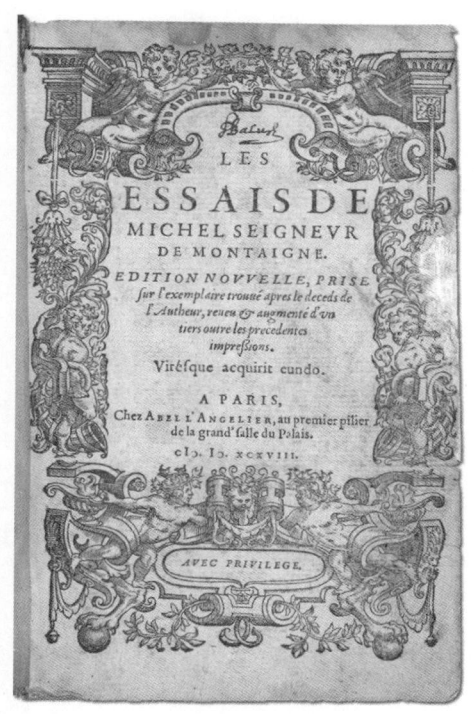

1598년에 간행된 《수상록》 제3판의 표제지.
몽테뉴의 '수양딸' 마리 드 구르네가 1595년에 편집한 판본을
저본으로 삼은 것이다. 표제 아래에는 다음과 같은 설명이 적혀 있다.
"새로운 판본으로, 저자 사망 후 발견된 원본을 바탕으로 편집되었으며,
이전 판본보다 3분의 1이 추가되고 수정되었다."

《수상록》의 판본에 대하여

몽테뉴의《수상록》은 여러 판본이 있다. 첫 번째 판본은 1580년에 보르도의 출판업자인 시몽 밀랑주Simon Millanges가 간행한 것이며, 총 2권으로 구성되었다. 두 번째 판본은 1588년에 파리의 서적상 아벨 랑줄리에Abel Langelier가 운영하던 인쇄소에서 총 3권으로 출간되었는데, 초판에 제3권이 덧붙여지고 제1권과 제2권에 641개의 추가 구문과 543개의 인용문이 새로 추가되었다. 세 번째는 몽테뉴가 1588년 판본의 텍스트를 세세하게 깁고 수정한 일명 '보르도본Exemplaire de Bordeaux'이다. 이 판본은 몽테뉴가 세상을 떠날 때 자신의 책상에 제본되지 않은 상태로 남긴 개인 소장

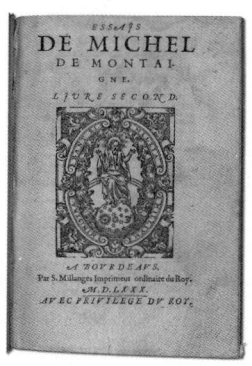

1580년 보르도의 출판업자 시몽 밀랑주가 간행한 판본의 표제지.
《수상록》초판은 총 2권으로 구성되어 있었다.

본이었으며, 1789년 프랑스 대혁명 이후 보르도 시립 도서관에 소장되어 있었다. 이 '보르도본'에 근거하여 1906년에 포르튀나 스트롭스키, 프랑수아 제블랭, 피에르 빌레가 비평 판본을 출간하는데, 이는 이후 20세기에 출간된 여러 판본들의 저본이 되었다. 끝으로 몽테뉴가 '수양딸'이라 부른 마리 드 구르네Marie de Gournay(1565-1645)가 보르도본의 사본과 기타 '사본 l'exemplar'이라 불리는 자료를 수정하고 재검토하여 다시 편집한 1595년 판본이 있다. 몽테뉴가 사망한 뒤에 출간된 이 판본은 18세기 말까지 오랫동안 결정본으

1588년에 출간된 일명 '보르도본'의 표제지.
몽테뉴가 여백에 빼곡하게 수기를 첨가한 판본이다.

로 여겨졌고, 수많은 사람에게 읽혀왔다. 예컨대 파스칼과 루소도 이 판본을 읽고 깊은 감명을 받았다.

이 책이 번역 대본으로 삼은 플레야드 판본(2007년 신판)은 몽테뉴 사후에 출간된 1595년 판본의 상태를 온전히 재현하려고 시도한 것으로, 《수상록》의 형성 과정, 출처, 언어 및 의미를 규명하고 제반 연구에 대한 거의 모든 학술 정보를 포함하고 있다는 점에서 현대 비평 판본의 결정본이라 할 수 있다.

일러두기

- 이 책은 미셸 에켐 드 몽테뉴의 《수상록》 가운데 죽음과 삶에 대한 성찰이 담긴 제1권 19장, 제2권 6장·28장, 제3권 2장·12장·13장을 가려 뽑아 우리말로 옮긴 것이다. 번역 대본으로 장 발자모Jean Balsamo, 카트린 마니앵 시모냉Catherine Magnien-Simonin, 미셸 마니앵Michel Magnien이 편집한 *Les Essais*(Paris: Gallimard, Bibliothèque de la Pléiade, 2007)를 사용했다.
- 본문의 각주는 모두 옮긴이 주이다.

죽음을 가르치는 자는
삶도 가르친다

》 제1권 19장 《
철학이란 어떻게 죽어야 하는가를 배우는 것이다

피터르 클라스, 〈두개골과 깃펜이 있는 정물〉(바니타스화), 1628

- 바니타스화는 종교 전쟁, 페스트 등 중세의 비극적 역사를 배경으로 17세기에 네덜란드에서 시작된 정물화의 한 장르이다. 대개 '죽음의 필연성'을 상징하는 회화 작품을 통칭한다. 이 장르의 이름이 된 라틴어 단어 vanitas는 '공허', '허무'를 뜻한다. "전도자가 이르되 헛되고 헛되며 헛되고 헛되니 모든 것이 헛되도다." 〈전도서〉 1장 2절.

키케로[1]는 철학을 한다는 것은 죽음을 준비하는 것과 다름없다고 했다.[2] 무언가를 깊이 연구하고 곰곰이 생각해보는 것은 어찌 보면 우리의 영혼을 밖으로 끌어내 육체와는 상관없는 일에 몰두하게 함으로써 죽음을 미리 알거나 모방하는 것과 비슷하기 때문이다. 또한 우리는 세상의 모든 지혜와 사유를 통해 죽음을 두

---

1 로마의 정치가, 법률가, 학자, 작가. 로마 공화국을 파괴한 마지막 내전 때 공화정의 원칙을 지키려고 애썼지만 실패했다. 저술로는 수사법 및 웅변에 관한 책, 철학과 정치에 관한 논문 및 편지 등이 있다. 오늘날 그는 로마의 가장 위대한 웅변가이자 수사학의 혁신가로 알려져 있다.
2 키케로, 《투스쿨룸 대화》 제1권, 30, 74. "철학자의 삶은 소크라테스의 말처럼 죽음에 대한 준비입니다."

려워하지 않는 법을 배우게 된다. 이성이 우리를 놀리는 것이 아니라면, 이성은 오로지 잘 사는 삶을 목표로 해야 한다. 성경에도 씌어 있듯이[3] 이성의 모든 노력은 결국 우리가 편안하고 안락하게 사는 데 집중되어야 한다. 사람들은 즐거움이야말로 (비록 그것에 도달하는 방법은 서로 다를지라도) 우리의 목적이라고 입을 모은다. 그렇지 않은 견해들은 처음부터 아무도 들으려 하지 않을 것이다. 우리의 고통과 불쾌를 목표로 하는 자의 말에 누가 귀 기울이겠는가?

이 문제에 대한 철학 학파들 간의 논쟁은 말장난에 불과하다. "그런 하찮고 어리석은 것들은 얼른 넘어가자."(세네카) 이 말에는 철학자의 신성한 직업에는 어울리지 않는 고집스러움과 깐죽거림이 있다. 그런

---

[3] 〈전도서〉 3장 12절: "결국 좋은 것은 살아 있는 동안 잘살며 즐기는 것밖에 없다는 것을 깨달은 것이다." 5장 17절: "내가 깨달은 것은 바로 이것이다. 멋지게 잘사는 것은 하늘 아래서 수고한 보람으로 먹고 마시며 즐기는 일이라는 것이다. 인생은 비록 짧아도 하느님께 허락받은 것이니, 그렇게 살 일이다. 이것이 인생이 누릴 몫이다." 9장 7절: "그러니 네 몫의 음식을 먹으며 즐기고 술을 마시며 기뻐하여라. 이런 일은 하느님께서 본래부터 좋게 보아주시는 일이다." 〈집회서〉 14장 14절: "오늘의 행복을 마다하지 말고 너의 정당한 욕망을 채울 기회를 놓치지 말아라."

데 인간은 어떤 역할을 맡든 간에 항상 그 속에서 자기가 타고난 대로 연기한다.[4] 철학자들이 뭐라고 하든, 덕을 추구하는 과정에서도 우리가 궁극적으로 지향하는 목표는 쾌락이다. 나는 철학자들을 그토록 언짢게 하는 이 단어를 그들의 귀에 못이 박히도록 들려주고 싶다. 만일 이 단어가 어떤 최고의 즐거움, 최대의 만족을 의미하는 것이라면 다른 무엇보다 덕의 도움을 받아서일 것이다.

이 쾌락은 활기차고, 단단하고, 튼튼하고, 씩씩할수록 더 진정한 쾌락이 된다. 그러니 그것에 지금까지 우리가 명명했던 대로 '힘'에서 따온 '덕'[5]이라는 이름이 아니라, 보다 호의적이고 부드러우며 자연스러운

---

[4] 프랑스 속담 "본성은 버리지 못하는 법이다, 타고난 성질은 어쩔 수 없다."를 달리 표현한 것이다.

[5] 키케로는 덕virtus이라는 말이 '원기', '힘', '정력', 특히 '남자'를 뜻하는 'vir'라는 단어에서 유래했다고 말한다. 《투스쿨룸 대화》 제2권, 18, 43. "'덕'은 '남자'라는 단어에서 유래했습니다. 남자에게 다른 무엇보다 고유한 것은 용기이며, 용기의 과업은 크게 두 가지인데, 죽음과 고통을 가볍게 생각하는 것입니다. 따라서 덕을 갖추기를 원하는 사람이라면, 아니 다른 말로 덕이 남자라는 단어에서 파생된 말이라는 점으로 미루어보건대 '사나이'가 되고자 한다면 죽음과 고통을 가볍게 여김을 보여주어야 합니다." (아카넷, 2014, p. 193)

'즐거움'이라는 이름을 붙여주었어야 했다.

설사 그보다 차원이 낮은 다른 종류의 쾌락[6]이 즐거움이라는 아름다운 이름을 얻을 만했다 해도, 그것은 특별한 혜택이 아니라 경쟁으로써 얻어낸 것이라야 한다. 내가 보기에 이 쾌락은 갖가지 불편이나 장애 때문에 덕에 비해 순수하지 못하다. 순간적이고 유동적이고 일시적인 것을 좋아하다 보니 이 쾌락에는 밤샘과 단식과 노고와 땀과 피가 뒤따른다. 그뿐 아니라 갖가지 격렬한 정념, 그리고 고행에 맞먹는 묵직한 포만이 따라온다.

그러나 자연계에서 상반되는 것들이 극명하게 대비되어 있을 때 오히려 서로 더 활기를 얻는 것처럼 이런 폐단이 쾌락의 달콤함에 자극과 양념 구실을 한다고 생각한다면 큰 잘못이다. 마찬가지로 우리가 덕에 대해 말할 때 그와 같은 상황이나 난관이 덕을 압도하여 근엄하고 가까이하기 어려운 것으로 만든다고 하는 것 역시 큰 잘못이다. 덕은 오히려 쾌락보다 그

---

6 육체적, 관능적 쾌락을 말한다.

런 상황이나 난관이 우리에게 제공하는 숭고하고 완전한 즐거움을 더욱 고상하고 생기 있게 만들고 북돋아 주기 때문이다.

덕을 위해 치러야 하는 비용과 덕으로부터 얻을 수 있는 이득을 저울질해보는 사람은 덕의 친구가 될 자격이 없다. 그는 덕의 매력과 용도를 알지 못하는 자라고 할 수 있다. "덕의 추구는 어렵고 힘든 일이지만 덕의 향유는 즐거운 일"이라고 우리에게 가르치는 것이 "덕은 언제나 불쾌한 것"이라고 말하는 것과 무엇이 다른가? 인간이 가지고 있는 수단으로 덕의 향유에 도달해본 적이 과연 있었을까? 가장 완전한 사람들도 덕을 소유하는 것이 아니라 덕을 갈망하며 덕에 접근하는 것만으로 만족했다. 그러나 그들의 생각은 틀렸다. 우리가 알고 있는 모든 즐거움 가운데 덕을 탐구하는 일은 그 자체가 즐거운 것이기 때문이다.

어떤 일의 가치는 그 일이 목표로 하는 대상의 가치와 관련이 있다. 대상의 가치 자체가 결과에서 큰 부분을 차지하며, 그 결과와 동질의 것이기 때문이다. 덕 속에서 빛을 발하는 행복과 무상無上의 기쁨은 덕이라는 건물의 입구에서부터 마지막 방벽에 이르기까지 그에 속한 모든 것과 모든 통로를 가득 채운다.

그런데 덕이 베푸는 주요한 혜택 가운데 하나가 죽음에 대한 무관심이다. 죽음에 대한 무관심은 우리의 삶에 부드러운 평온함을 주고, 삶을 순수하고 사랑스러운 것으로 만들어준다. 죽음에 무관심하지 않으면 다른 모든 쾌락도 무미건조해진다.

바로 그 때문에 모든 규범이 이 항목에 대해서는 의기상투하고 의견의 일치를 보는 것이다. 모든 규범이 한결같이 고통과 가난, 인간 삶이 당면한 갖가지 불행에 관심을 두지 말라고 가르치고 있지만, 죽음에 대한 무관심을 가르치는 만큼 정성을 쏟지는 않는다. 불행한 일들이 죽음처럼 예외 없이 반드시 일어나는 것이 아니기 때문이기도 하고(대부분의 사람들은 빈곤을 겪어보지 않은 채 일생을 보내며, 그들 가운데는 가령 잔병치레 한 번 하지 않고 백여섯 살까지 산 음악가 크세노필루스처럼 고통이나 질병을 모르고 평생을 보낸 사람도 있다) 또한 최악의 경우 마음만 먹으면 죽음이 모든 불행에 마침표를 찍어줄 수 있기 때문이다. 그러나 죽음은 피할 수 없다.

> 우리는 모두 같은 기슭에 이른다.
> 우리 모두 운명의 항아리 속에 뒤섞여 있다.
> 조만간 제비로 뽑혀 나와
> 영원한 죽음으로 향하는 카론[7]의 배에 실릴 것이다.
>
> 호라티우스

따라서 죽음이 우리에게 두려운 것이라면, 그것은 끊임없이 우리를 고통에 시달리게 할 것이며, 우리는 거기서 도저히 헤어날 수 없을 것이다. 죽음은 어디에서나 닥쳐올 수 있다. 그러므로 우리는 수상쩍은 고장에 와 있는 것처럼 끊임없이 사방을 두리번대야 한다. "그것은 탄탈로스의 머리 위에 늘 떨어질 듯 놓여 있는 바위와 같다."(키케로) 우리의 고등법원은 종종 죄인들을 범행 장소로 보내 그곳에서 처형한다. 거기로 가

---

[7] 그리스 신화에서 저승으로 가는 강의 나루터를 지키는 늙은 뱃사공. 스틱스 Styx와 아케론 Acheron을 건너 저승에 이르도록 해준다.

는 도중에 그들을 아름다운 집들 사이로 거닐게 하고 맛있는 음식을 실컷 먹여보라.

> 시칠리아의 진수성찬도
> 그들에게는 맛이 없고,
> 새들의 노랫소리와 키타라[8] 소리도,
> 그들에게 단잠을 허락하지 못하리라.
> 호라티우스

그들이 그런 것들을 즐길 수 있으리라고 생각하는가? 여행의 최종 목적이 눈앞에 계속 어른거리는 이상 그들에겐 그 모든 즐거움의 풍미가 떨어지고 사라지지 않겠는가?

> 그는 남은 길을 묻고, 남은 날의 개수를 세며,
> 여행의 노정에 비추어 살날을 꼽아보고

---

[8] 고대 그리스의 현악기로, 5-11개의 줄을 퉁겨 소리를 낸다. 리라와 비슷하나 좀 크다.

다가올 형벌을 생각하며 괴로워한다.

클라우디아누스

우리 인생의 최종 목표는 죽음이다. 죽음은 우리 운명의 필연적인 목표다. 죽음이 우리를 두렵게 한다면, 어떻게 떨지 않고 한 발짝이라도 앞으로 내디딜 수 있겠는가? 이에 보통 사람들은 아예 죽음을 생각하지 않는 것으로 그 나름의 대처를 한다. 하지만 얼마나 짐승처럼 우둔하면 그렇게 무지몽매할 수 있단 말인가? 그것은 당나귀의 꼬리에 굴레를 씌워 끌고 가려는 것과 같다.

뒷걸음질 치며 앞으로 나아가려는 자.

루크레티우스

그런 자가 함정에 자주 빠진다 해도 놀랄 일은 아니다. 일반적으로 사람들은 죽음이라는 말을 듣기만 해도 겁을 집어먹고, 악마의 이름이라도 들은 양 성호를 긋는다. 또한 죽음이라는 단어가 유언장에 들어간다는 이유로 그들은 의사가 사망 선고를 하기 전까지는 유언장을 쓰는 것조차 꺼린다. 그러니 죽음을 눈앞에 두고 그들이 고통과 공포 사이에서 얼마나 올바른 판단력으로 유언장을 꾸밀지는 아무도 알 수 없다.

죽음이라는 말이 마디마디 너무 강하게 귀에 울리고 불길하게 들렸기에 로마인들은 그것을 모나지 않고 부드럽게 표현하거나 다른 말을 빌려 넌지시 말하곤 했다. 즉 "그는 죽었다."라고 말하는 대신에 "삶을 마쳤다."라고 하거나 "삶을 살았다."라고 말했다. '삶'이라는 말이 있으면 그것이 과거의 것이라 할지라도 안심이 되는 것이다. 우리가 사용하는 '고feu, 故[9] 장Jean 선생'이라는 말도 그들에게서 빌려온 것이다.

흔히들 지급 기한을 연장해주는 것은 돈을 빌려주는 것과 맞먹는다고 한다. 그 말이 사실일지도 모르겠다. 1월을 한 해의 첫 달로 하는 현재의 계산법[10]으로

---

9 'feu'는 12세기 말부터 '자신의 운명을 완수한 자'를 뜻하는 말로 사용된 라틴어 'fatutus'에서 파생된 단어다. 여기서 몽테뉴는 이 단어가 동사 être(있다, 존재하다)의 단순 과거형(il fût) 또는 복합 과거형(il a été)에서 유래했다고 생각했다.

하면 나는 1533년 2월의 마지막 날 오전 11시에서 정오 사이에 태어났다. 내가 서른아홉을 넘긴 것은 정확히 보름밖에 되지 않는다. 나는 앞으로 적어도 그 정도는 더 살아야 할 것이다. 그러나 그렇게 먼 미래의 일을 생각하며 지금부터 노심초사하는 것은 어리석은 짓이다. 하지만 어쩌랴. 젊은이나 늙은이나 똑같은 방식으로 세상을 떠나는 것을. 누구나 방금 세상에 온 것처럼 그렇게 세상을 떠난다. 그럼에도 불구하고 아무리 늙어빠진 사람이라도 므두셀라[11]의 나이에 이르지 않는 한, 자기 몸속에 아직 이십 년의 수명은 더 남아 있다고 생각한다. 참으로 어리석다, 당신은. 누가 당신 인생의 끝을 정했는가? 당신은 의사들의 말을 곧이곧대로 믿고 있다. 차라리 사실과 경험을 직시하라. 사물의 변화 양상에 비추어보면 당신은 이미 놀라운 은덕으로 오랫동안 살고 있다. 당신은 이미 일반인의 수

---

10 프랑스의 왕 샤를 9세(1550-1574)는 파리 칙령(1563)과 루시용 칙령(1564)을 통해 1월을 한 해의 첫 번째 달로 삼았다. 그전에는 부활절에 새해가 시작되었다. 칙령이 실시된 것은 1567년에 들어서다.
11 성경에 언급된 인물 중 가장 오래 산 인물이다. "므두셀라는 모두 구백육십구 년을 살고 죽었다." 〈창세기〉 5장 27절.

명을 넘겼다. 의심스럽다면 당신이 알고 있는 사람들 중에 당신 나이에 채 이르지 못하고 죽은 사람의 수가 당신 나이를 넘긴 사람의 수보다 얼마만큼 많은지 헤아려보라. 그리고 명성으로 자신의 삶을 고귀하게 한 이들의 명단을 작성해보라. 장담하건대, 당신은 서른다섯 살을 넘어 산 사람보다 그 이전에 죽은 사람이 더 많다는 사실에 직면하게 될 것이다. 예수 그리스도를 예로 드는 것은 이성에도 신앙에도 어긋나지 않는다. 그분은 서른세 살에 돌아가셨다. 인류 중에서 가장 위대한 인간이었던 알렉산드로스[12] 역시 그 나이에 죽었다.

죽음은 얼마나 기습적으로 다가오는가?

언제나 충분히 조심한다고 해서

피해야 할 위험을 피할 수는 없는 법이다.

호라티우스

---

12 그리스, 페르시아, 인도에 이르는 대제국을 건설하였으며, 그 정복지에 다수의 도시를 건설하여 동서 교통, 경제 발전에 기여했고, 그리스 문화와 오리엔트 문화를 융합한 헬레니즘 문화를 이룩했다.

열병이나 늑막염 같은 것은 제쳐놓겠다. 우리 고장 사람인 클레멘스 교황[13]이 리옹에 입성할 때 브르타뉴 공작이 군중에 치여 압사할 줄 누가 예상이나 했겠는가? 우리의 왕 가운데 한 분[14]은 경기를 하다가 죽지 않았던가. 또한 그의 조상 한 분[15]은 돼지에 받혀서 죽지 않았던가. 아이스킬로스는 집이 무너져 죽을 것이라는 예언에 겁을 먹고 옥외에서 살았지만 별 소용이 없었다. 하늘을 날아가던 독수리가 떨어뜨린 거북이 등껍질에 맞아 죽었으니 말이다. 어떤 사람은 포도씨 때문에 죽었으며, 어떤 황제는 머리를 빗다가 긁힌 상처 때문에 죽었다. 아이밀리우스 레피두스[16]는 문지방에 걸려 넘어져 죽었으며, 아우피디우스는 회의실에 들어가다가 문에 부딪혀 죽었다. 로마의 집정관 코르넬리우스 갈루스, 로마의 기동 부대 대장 티겔리누

---

13 교황 클레멘스 5세. 교황에 선출되기 전에 보르도 대교구장을 지냈다.
14 앙리 2세. 창술 시합에서 부상을 당해 죽었다.
15 루이 6세의 장남 필리프. 1131년에 말을 타고 파리의 생탕투안 거리를 지나다가 타고 있던 말이 돼지와 부딪히면서 말에서 떨어져 죽었다.
16 고대 로마의 정치가. 카이사르의 부하였으나 카이사르가 암살된 후 안토니우스, 옥타비아누스와 함께 제2차 삼두정치 체제를 세웠다.

스, 만토바 후작인 귀도 데 곤차가의 아들 루도비코는 여자의 넓적다리 사이에서 죽었으며, 심지어 플라톤의 제자인 철학자 스페우시포스와 우리 교황들 중 한 분[17]도 그렇게 죽었다. 불쌍한 재판관 베비우스는 법원에 소송을 제기한 사람에게 일주일의 유예 기간을 허락했음에도 정작 자신은 그 기한이 끝나기도 전에 수명이 다해 죽었으며, 의사인 카이우스 율리우스는 환자의 눈을 치료해주는 동안 죽음이 찾아와 도리어 자신이 눈을 감았다.

여기에 내 가정사를 덧붙이자면, 내 동생 가운데 생마르탱[18] 대위는 스물세 살에 이미 명성을 떨치고 있었지만, 죄드폼[19] 경기를 하다가 공에 오른쪽 귀 윗부분을 맞았다. 멍이 들거나 상처를 입지는 않았다. 외견상으로는 멀쩡해 잠시 앉지도 쉬지도 않았지만, 공에 맞은 것이 원인이 되어 대여섯 시간 뒤에 뇌졸중으로 죽었다. 이런 일들이 예사로 우리 눈앞에서 벌어지

---

17 교황 요한 12세.
18 본명은 아르노 에켐 드 몽테뉴Arnaud Eyquem de Montaigne(1541-1564).
19 테니스의 전신으로 공과 코트를 사용하는 게임이며 프랑스에서 유래했다.

는데 어떻게 우리가 죽음을 생각하지 않을 수 있으며, 어떻게 죽음이 끊임없이 우리에게 덫을 놓고 있다는 생각을 떨쳐버릴 수 있단 말인가?

걱정할 게 뭐 있느냐고, 어떻게 죽든 그게 무슨 상관이냐고 당신은 말할 수도 있다. 물론 나도 그렇게 생각한다. 죽음의 습격을 피할 수만 있다면, 나는 송아지 가죽[20]을 뒤집어쓰는 일도 마다하지 않을 것이다. 내 생애를 평온하게 보낼 수만 있으면 그것으로 만족하기 때문이다. 그리고 그것이 나 자신에게 할 수 있는 최선이라면, 설령 당신이 보기에 명예롭지 못하고 모범적이지 못하더라도 나는 그것을 택할 것이다.

> 나의 결점들이 나를 즐겁게 하거나
> 내 눈을 속여 준다면
> 현자가 되어 괴로워하기보다는 차라리
> 바보나 멍청이로 마음 편히 살고 싶다.
>
> 호라티우스

---

[20] 사자 가죽은 용기를, 송아지 가죽은 비겁을 상징한다.

그러나 그것으로 문제가 끝난다고 생각하면 오산이다. 사람들은 가고, 오고, 뛰고, 춤추지만 죽음에 대해서는 아무것도 알지 못한다. 참으로 좋은 일이다. 그러나 죽음이 그들 자신이나 그들의 아내, 자식들, 친구들에게 무방비로 느닷없이 덮쳐오면 얼마나 큰 고통과 절규와 분노와 절망에 짓눌리겠는가? 사람들이 이렇듯 기세가 꺾이고, 변해버리고, 당황해하는 꼴을 일찍이 본 적이 있는가? 그러므로 우리는 진작부터 죽음에 대비하고 있어야 한다. 만일 짐승에게서나 볼 수 있는 죽음에 대한 무관심이 분별 있는 사람의 머리에 깃든다면(이런 일은 절대 불가능한 일이겠지만), 너무나 비싼 대가를 치르게 할 것이다.

죽음이 피할 수 있는 적이라면, 나는 비겁하더라도 피하라고 권할 것이다. 하지만 그럴 수도 없는 노릇 아닌가. 죽음이라는 적은 당신이 도망질치는 겁쟁이이건 명예로운 신사이건 당신을 손아귀에 넣고 말 것이므로.

그것은 도망병을 뒤쫓을 뿐 아니라

비겁한 젊은이의 뒷무릎도 등허리도
용서치 않는다.

호라티우스

또한 그 어떤 철갑도 당신을 지켜주지 못한다.

아무리 신중하게 철과 청동으로 몸을 지켜도
죽음은 그대의 머리를 투구 밖으로 끌어낼 것이니.

프로페르티우스

그러므로 죽음이라는 적에 당당히 맞서 싸우는 법을 배우자. 우선 적이 우리에 대해 지닌 강점을 빼앗기 위해 사람들이 흔히 선택하는 길과는 정반대의 길을 택하자. 적에게서 그 기이한 면을 없애고, 적과 자주 사귀어 익숙해지고, 무엇보다도 죽음을 종종 염두에 두도록 하자. 매 순간 죽음을, 죽음의 온갖 모습을 상상 속에 그리자. 말[馬]이 딴 길로 벗어나도, 기왓장이 떨어져도, 장식 핀에 살짝만 찔려도, "그래, 만일 이게 죽음이라면?" 하고 되새기면서 죽음에 대해 단단해지자. 그리고 우리 자신을 강하게 단련하자.

축제와 쾌락의 한가운데에서도 언제나 우리의 덧없는 처지를 상기시키는 이 구절을 되뇌자. 그리고 쾌락에 지나치게 넋을 빼앗겨, 그런 희열이 얼마나 많은 방식으로 죽음의 먹이가 될 수 있는지, 얼마나 많은 장소에서 죽음으로부터 위협을 받고 있는지 잊지 않도록 늘 상기하자. 그래서 이집트인들은 연회가 무르익어 가장 맛있는 음식이 나와야 할 때 죽은 사람의 해골을 가져오도록 하여 그 자리에 모인 손님들에게 경고로 삼았다.

매일매일을 너의 마지막 날로 생각하라.
기대하지 않았던 시간들이 은혜처럼 다가오리라.
호라티우스

죽음이 어디서 우리를 기다리는지 알 수 없으니 어디서든 죽음을 기다리자. 죽음에 대해 미리 생각하는 것은 자유에 대해 미리 생각하는 것이다. 죽는 것을 배운 사람은 노예 상태에서 벗어난 사람이다. 생명의 상실이 나쁜 것만은 아님을 깨달은 사람에게 인생에서 나쁜 것이란 아무것도 없다. 죽는 법을 알면 우리는 모든 예속과 속박에서 벗어난다. 아이밀리우스 파울루스[21]는 포로로 잡힌 가련한 마케도니아 왕이 사람을 보내 개선식에 자기를 끌고 다니지 말아 달라고 간청하자 "그런 간청은 자기 자신에게나 하라."[22]라고 대답했다.

사실 무슨 일에서나 천성이 도와주지 않으면, 기술이나 솜씨가 진보할 가능성은 많지 않다. 나는 본디 우울한 사람이 아니라 몽상가이다. 죽음만큼 내 머릿속을 차지하고 있었던 것은 아무것도 없다. 내 생애에서 가장 방탕했던 시기에,

활짝 핀 내 인생이 화사한 봄을 즐기고 있을 때,

카툴루스

---

21 로마 공화정의 군인, 정치가. 제2차 포에니 전쟁 후 주로 동방 마케도니아 왕국의 전투에서 활약했다. 기원전 168년 퓌드나에서 페르세우스 왕이 이끄는 마케도니아를 상대로 승리했다. 아이밀리우스 씨족 파울루스 가문 출신으로 아버지는 동명의 루키우스 아이밀리우스 파울루스이다.
22 포로로 잡혀 예속과 속박의 삶을 사느니 차라리 자결하라는 뜻.

여자나 향락에 빠져 있던 나를 보고, 어떤 사람은 내가 무슨 질투심이나 불확실한 희망으로 괴로워하고 있지는 않은가 하고 생각했을지 모르지만, 나는 사실 그 며칠 전에 나처럼 축제에서 돌아오는 길에 나태와 사랑과 찬란한 과거 따위로 머릿속이 가득 차 있다가 느닷없이 심한 열병에 걸려 죽은 미지의 남자를 생각해내고, 나 역시 죽음에 코가 꿰이지나 않을까 했던 것이다.

현재는 곧 지나가버려 다시는 그것을 불러들일
방도가 없다.
루크레티우스

하지만 나는 다른 생각을 할 때와 마찬가지로, 더는 그런 생각 때문에 이마를 찌푸리는 일은 없었다. 누구나 처음에는 그런 생각에 빠져 아픔을 느낄 수밖에 없다. 그러나 계속해서 직면하고 되짚다 보면 언젠가는 그런 생각들도 길들일 수 있는 법이다. 그렇지 않다면 나는 끊임없는 공포와 불안에 사로잡혀 있었을 것이다. 왜냐하면 나만큼 생명을 미덥지 않게 여기고, 나만큼 자기 수명에 대해 자신이 없었던 사람도 없으니 말이다. 지금까지 나는 매우 튼튼해서 거의 아픈 적 없이 건강을 누리고 있지만, 그 건강도 생명에 대한 나의 기대를 연장해주지 못하며 동시에 질병도 그것을 단축하지는 못한다. 나는 매 순간 나에게서 기력이 빠져나가는 것을 느낀다. 그리고 나는 나 자신을 향해 끊임없이 되된다. "언젠가 일어날 수 있는 일은 오늘 일어날 수도 있다고." 사실 우연과 위험은 우리의 종말에 거의 혹은 전혀 영향을 미치지 않는다. 우리를 가장 위협하는 것처럼 보이는 사고들은 제쳐두고라도, 얼마나 많은 위험들이 우리의 머리 위에 드리워져 있는지를 생각해보면, 우리가 원기왕성하건, 열병을 앓건, 항해 중이건, 집에 있건, 전투 중이건, 휴식 중이건 간에 종말은 늘 우리 곁에 있음을 알 것이다. "누구도 옆 사람보다 연약하지 않으며, 그에게 내일이 더 안전하다고 장담할 수 없다."(세네카)

내가 해야 할 일을 죽기 전에 마무리하려면, 아무리 시간이 많이 주어져도 짧게 느껴질 것이다. 비록 그것이 한 시간이면 되는 일이라 해도. 며칠 전 어떤 이가 나의 공책을 들춰보다가 내가 죽은 뒤에 해주었으면 하는 것을 기록해둔 메모를 발견했다. 나는 그에게 "집에서 십 리밖에 떨어져 있지 않았고, 몸도 건강하고 활기에 넘쳤지만, 집에 무사히 도착할 수 있을지 확신할 수 없어서 서둘러 작성해놓았던 것이라네."라고 솔직히 말했다. 나는 끊임없이 내 생각들을 품속에서 부화시켜둔 탓에 언제든지 내가 할 수 있는 정도의 준비가 되어 있다. 그러므로 죽음이 갑작스레 닥쳐와도 특별히 새로운 것을 내게 가르쳐주지 못할 것이다.

우리는 우리의 힘이 닿는 한 언제라도 장화를 신고 떠날 채비를 하고 있어야 하며, 특히 그때에는 오로지 자기 자신에게만 관심을 기울여야 한다.

어찌하여 우리는 지치지도 않고
그토록 짧은 생애 동안
그토록 많은 일을 하려 하는가?
호라티우스

왜냐하면 그때가 되면 다른 일을 더 하지 않아도 우리가 해야 할 일은 충분할 것이기 때문이다. 어떤 사람은 죽음 그 자체보다 죽음 때문에 자신의 빛나는 삶이 끝나는 것을 한탄한다. 어떤 사람은 딸을 결혼시키기 전에 혹은 자식들의 교육을 끝마치기 전에 세상을 떠나는 것을 한탄한다. 어떤 사람은 자기 인생의 가장 큰 낙이었던 아내와 아들의 곁을 떠나는 것을 슬퍼한다.

다행스럽게도 나는 지금 하느님이 원하실 때에, 언제고 나를 불러가신다 해도 별 미련 없이 이 세상을 떠날 수 있다. 나는 나를 옭매고 있는 모든 매듭을 풀었다. 나는 나를 제외한 모든 사람과 작별 인사를 거의 마쳤다. 그 누구도 나만큼 홀연하고 완벽하게 세상을 떠날 준비를 하지는 않았을 것이며, 내가 노력한 것보다 더 빠짐없이 골고루 세상과 작별하려고 한 사람도 없을 것이다. 가장 완벽하게 죽은 자가 가장 온전한 사자死者다.

그들은 말한다. 참으로 불행하고 불행하도다.

단 하루의 불길한 날이 내 전 재산과
내 인생의 모든 행복을 앗아가나니.

루크레티우스

건축가는 이렇게 말한다.

나의 작업이 미완인 채로 남아 있도다.
위협적이었던 거대한 벽들도 허물어져 내려앉노니.

베르길리우스

너무 오랜 시간을 요구하는 일을 계획해서는 안 되며, 적어도 완성을 보지 못하면 화가 날 정도의 조급함을 품고서 일을 계획해서는 안 된다. 우리는 일하기 위해 태어난 것이니,

바라건대 한창 일하는 중에 죽음이 찾아오기를.

오비디우스

나는 사람들이 몸을 움직여 일하기를 원한다. 또

가능한 한 인생의 과업을 연장하기를 바란다. 나는 내가 양배추를 심고 있을 때, 죽음에 무관심하고 완성되지 않은 정원에도 무관심할 때 죽음이 찾아오기를 바란다. 나는 임종에 이른 어떤 사람이 그때까지 쓰고 있던 역사책이 자신의 운명 때문에 15대인지 16대 왕에서 도중에 끊겼다고 끝없이 한탄하다가 죽는 모습을 보았다.

아무도 이 말을 덧붙이지 못하리니.
네가 죽은 후에는 이 모든 것들 중 어느 것도
너의 유해 속에 머물지 못하리라.

루크레티우스

이런 속되고 해로운 생각은 벗어던져야 한다. 옛날에는 묘지를 교회 옆이나 마을에서 왕래하는 사람이 가장 많은 곳에 조성했다. 리쿠르고스[23]의 말에 따르

---

23 고대 스파르타의 전설적인 입법자. 스파르타의 국가 제도와 생활 규범을 정했다고 한다. 실존 인물이 아니라는 설도 있다.

면, 그것은 일반 서민이나 여자, 아이들이 죽은 사람을 봐도 두려워하지 않게 하고, 해골이나 무덤이나 장례 행렬을 계속 보여줌으로써 인간의 한계를 깨닫게 하기 위해서였다고 한다.

> 옛날에는 살인으로 회식의 흥을 돋우고,
> 검투사들의 잔인한 결투를 연회에 곁들이는 게
> 관례였다.
> 그들은 술잔 위에 쓰러져
> 식탁을 피로 흥건히 적시기 일쑤였다.
> 실리우스 이탈리쿠스

이집트인들은 연회가 끝나면 참석자들에게 죽음을 묘사한 커다란 그림을 보여주면서, 사람을 시켜 "마셔라, 즐겨라, 죽으면 너도 이렇게 되리라."라고 외치게 했다. 그들처럼 나도 머릿속에 죽음을 떠올려볼 뿐 아니라 끊임없이 죽음을 입에 올리는 습관을 들였다. 죽음에 이르러 사람들이 어떤 말을 남기고, 어떤 표정을 짓고, 어떤 태도를 보이는가 등 인간의 죽음만큼 내가 애써 알고 싶어 하는 것도 없다. 역사책을 읽을 때에도 나는 그 대목에 더 주의를 기울인다. 이 책 속에 인용한 많은 예들만 봐도 내가 이 주제에 얼마나 애착이 있는지 드러난다. 내가 만일 책을 만드는 사람이라면, 각양각색의 죽음에 대해 주석을 붙인 책을 만들 것이다. 사람들에게 죽는 법을 가르치는 자는 그들에게 사는 법도 가르칠 것이다. 디카이아르코스[24]가 이와 비슷한 제목의 책을 썼지만, 그것은 다른 목적의, 그다지 유익하지 않은 책이었다.

사람들은 나에게 "죽음의 실체는 죽음에 대한 우리의 상상을 능가하는 것이므로, 죽음과 마주치면 아무리 훌륭한 검술이라 할지라도 가소로운 것이 될 것이다."라고 말할 것이다. 그들이 그렇게 말하도록 내버려두자. 왜냐하면 죽음에 대해 미리 그렇게 생각하는 것은 확실히 커다란 이점이 있기 때문이다. 적어도

---

[24] 고대 그리스의 철학자. 아리스토텔레스의 제자로 문학사, 음악사, 정치학, 지리학 등 특수 영역을 연구했다. 인간에게 가장 큰 손해가 되는 것은 인간이라는 주장을 담은 책 《인간의 파멸De interitu hominum》의 원본은 전해지지 않는다. 몽테뉴는 키케로의 《의무론》 제2권 3장에서 이 책의 존재를 접한 듯하다.

갈등이나 혼란 없이 거기까지 갈 수 있다는 것은 결코 사소한 일이 아니다. 아니, 또 있다. 자연조차도 우리에게 악수를 청하고 용기를 준다. 별안간 그리고 뜻밖에 닥쳐온 죽음이라면, 우리는 미처 그것을 겁낼 겨를이 없다. 반대의 경우, 날로 병세가 짙어진다면 삶이 하루하루 더 경멸스러워질 것이다. 나는 열병에 걸려 있을 때보다 건강할 때 죽음을 받아들이기가 훨씬 더 어렵다는 것을 알고 있다. 삶의 유용성을 잊어버리고 삶의 쾌락을 느끼지 않게 되면서부터 나는 인생의 낙에 더는 집착하지 않게 되어, 이전보다 죽음에 대한 공포를 훨씬 덜 느끼게 되었다. 그리고 이 점이 내게, 삶에서 멀어지면 멀어질수록 죽음에 가까이 가면 갈수록 그만큼 삶과 죽음의 교환을 쉽게 받아들이게 될 것이라는 기대를 준다.

나는 "사물은 흔히 가까이에서 볼 때보다 멀리서 볼 때 더 크게 보인다."[25]라는 카이사르의 말을 여러 가

---

25 율리우스 카이사르, 《갈리아 전기》 제7권, 84. 카이사르의 말을 정확히 옮기면 다음과 같다. "흔히 눈앞에 보이지 않는 위험이 우리를 더 심란하게 만든다."

지 일에서 경험했다. 그리하여 병에 걸렸을 때보다 건강할 때 오히려 병에 대한 두려움이 훨씬 더 컸다는 것을 알게 되었다. 지금의 기분 좋고 즐겁고 건강한 상태가 그 반대 상태를 비교도 안 될 만큼 더 끔찍하게 보이게 하는 까닭에, 나는 상상으로 병에 걸린 상태의 불편함을 두 배나 더 부풀려서, 실제로 내가 그것을 짊어졌을 때보다 훨씬 더 무겁게 느낀다. 앞으로 나에게 찾아들 죽음도 그랬으면 하는 바람이다.

우리가 겪고 있는 일상의 변화와 쇠퇴를 통해 자연이 어떻게 우리의 상실과 쇠잔의 징조를 감추고 있는지 살펴보기로 하자. 노인에게는 젊은 시절과 지나간 인생의 원기가 얼마나 남아 있는가?

아아! 노인들에게는 얼마만큼의 생명이 남아 있는가?
막시미아누스

카이사르는 길바닥에서 기진맥진한 몰골로 자기에게 다가와 스스로 목숨을 끊게 해달라고 간청하는 자신의 호위병을 바라보고는 "너는 네가 아직도 살아 있다고 생각하는 모양이군." 하고 조롱하듯 말했다. 만일 우리가 갑자기 그런 노년의 상태에 놓인다면 우리는 그것을 견딜 수 없을 것이다. 그러나 자연은 완만하게, 거의 느낄 수 없을 정도로, 조금씩, 한 계단 한 계단씩 우리를 인도하여 그런 비참한 상태로 끌고 가면서 우리로 하여금 그와 같은 상태에 익숙하게 한다. 그런 까닭에 우리는 청춘이 우리 내부에서 삭아 없어져도 아무런 동요를 느끼지 않는 것이다. 그런데 실상은 그런 식의 죽음이 시들시들하다가 생명이 완전히 다한 죽음이나 노쇠로 인한 죽음보다도 한층 가혹한 죽음이다. 왜냐하면 고통스러운 존재에서 비非존재로의 갑작스러운 변화는 감미롭고 건강한 존재에서 힘들고 가슴 아픈 존재로의 변화만큼 가혹한 것은 아니기 때문이다.

몸이 구부러지고 휘어져 있으면 짐의 무게를 지탱하기 더 힘들다. 우리의 영혼도 마찬가지다. 적의 공격에 대항해 싸우도록 영혼을 훈련하고 북돋아야 한다. 영혼이 죽음을 두려워하면 안정을 얻을 수 없지만 죽음을 두려워하지 않으면 설사 그것이 인간의 조건을 넘어선 것이라 하더라도, 영혼은 불안과 걱정과 공포, 심지어 극히 사소한 불쾌감조차도 자기 내부에 깃들 수 없다고 자신하게 되기 때문이다.

> 폭군의 무서운 시선도
> 아드리아해를 휘몰아치는 아우스테르[26]도
> 벼락을 던지는 주피터의 거대한 손도
> 그 무엇도 그의 굳건한 마음을 흔들지 못한다.
> 호라티우스

이러한 영혼은 정념과 육욕을 다스리고 결핍과 수치와 가난, 그 밖의 온갖 불운을 제어하게 된다. 할 수만 있다면 이런 역량을 얻어 가지자. 이것이야말로 우리로 하여금 억압과 불의에 용감히 맞서고 감옥과 쇠사슬을 개의치 않게 하는 최고의 진정한 자유이다.

> 너의 손발을 쇠사슬로 묶어,

---

[26] 남풍南風 또는 남풍의 신.

잔인한 간수에게 지키게 하리라.
내가 바라기만 하면 당장에라도
신은 나를 풀어주실 것이다.
이 말은 '나는 죽을 것이다.'라는 뜻이리라.
죽음은 모든 것의 맨 끝이다.

호라티우스

  우리의 종교는 인간의 기본 원리 중 가장 확실한 것이 삶에 대한 멸시라고 보았다. 이성의 추론만 우리를 삶에 대한 멸시로 인도하는 건 아니다. 우리는 왜 잃어버려도 애석해할 수 없는 것을 잃을까 봐 두려워해야 하는가? 갖가지 방식의 죽음이 우리를 위협하고 있는데, 그 모두를 두려워하는 것보다 그중 하나를 감수하는 것이 낫지 않겠는가? 죽음이 피할 수 없는 것이라면 그것이 언제 찾아오건 무슨 상관인가? 어떤 사람이 소크라테스에게 "서른 명의 참주가 자네에게 사형을 선고했네."라고 하자 그는 "그들에게는 자연이 사형을 선고했네."라고 대답했다.

  모든 고통에서 벗어나는 곳으로 가려는데 근심 걱

정을 하다니, 우리는 얼마나 어리석은가! 우리의 태어남이 우리에게 모든 사물의 태어남을 가져다주었듯이 우리의 죽음 또한 모든 사물의 죽음을 가져다줄 것이다. 그러므로 100년 후에 살아 있지 못한다고 슬퍼하는 것은 100년 전에 살아 있지 않았다고 슬퍼하는 것과 마찬가지로 어리석은 짓이다. 죽음은 또 다른 삶의 시작이다. 이 세상에 들어올 때 우리는 고통스러워 울었다. 우리에게 덮여 있던 베일을 벗어던져야 했기에 울었다.

단 한 번밖에 일어나지 않는다면 그 무엇도 진정으로 괴로운 것이 될 수 없다. 그토록 짧은 시간 동안의 일을 그토록 오랫동안 두려워할 이유가 있을까? 오래 사나 일찍 죽으나 죽음의 관점에서 보면 마찬가지다. 더 이상 존재하지 않는 사물에는 길고 짧음이 적용될 수 없기 때문이다. 아리스토텔레스에 따르면, 히파니스Hypanis강에는 단 하루밖에 살지 못하는 작은 동물들이 있다고 한다. 그 동물들 중 아침 여덟 시에 죽는 동물은 청춘에 죽는 것이고, 오후 다섯 시에 죽는 동물은 노후에 죽는 것이다. 이토록 짧은 동안의 일로 행복이니 불행이니 하는 것을 보고 웃지 않을 사람이 있을까? 우리의 인생도 영원에 비교하거나 산과 별과 나무 또는 어떤 동물들의 수명에 비교하면, 우스꽝스럽기 짝이 없는 것이다.

그래서 자연은 우리에게 다음과 같이 권한다.[27] 이 세상에 들어왔을 때처럼 이 세상에서 나가라. 고통도 두려움도 없이 죽음에서 삶으로 건너왔던 그 길을 따라 삶에서 죽음으로 다시 건너가라. 그대의 죽음은 우주라는 거대한 건조물의 한 부분이다. 그것은 세상의 생명 가운데 한 요소이다.

인간들은 서로 생명을 주고받는다.
마치 경주자가 횃불을 손에서 손으로 주고받듯이.

루크레티우스

---

27 다음에 이어지는 내용에서는 '자연'이 인간에게 죽음에 관해 말하는 형식을 취하고 있다. 즉 이 부분부터 이 장의 마지막 부분(69쪽 "여기까지가 우리의 어머니인 자연이 들려주는 조언이다." 앞 문단)까지 '나'는 몽테뉴가 아니라 '자연'으로, '그대(들)'은 '인간'으로 읽어야 한다. 또한 몽테뉴는 여기서부터 이 장의 끝까지 루크레티우스가 《사물의 본성에 관하여》 제3권에서 죽음에 대해 한 말을 다시 적절한 다른 표현으로 바꾸어 설명하고 있다. 세네카의 〈루킬리우스에게 보낸 편지〉에서 인용한 구절도 있다.

그대들을 위해 사물의 이 아름다운 질서를 바꾸란 말인가? 죽음은 그대들이 창조된 조건이며 그대들의 일부분이다. 죽음을 피하는 것은 그대들 자신을 피하는 것이다. 그대들이 향유하고 있는 존재는 죽음과 삶에 공평하게 속해 있다. 그대들은 세상에 태어난 날, 처음 삶으로 향하는 동시에 죽음으로 향했다.

최초의 시간은 우리에게 생명을 줌과 동시에
생명에 손상을 입힌다.
세네카

태어나면서부터 우리는 죽어간다.
끝은 시작에서 비롯된다.
마닐리우스

그대들이 꾸려 나가고 있는 삶은 모두 생명에서 훔쳐 온 것이다. 생명이 치른 희생의 대가가 곧 삶이다. 그대들의 생명이 끊임없이 하는 일이란 죽음을 건설하는 것이다. 살아 있는 동안 그대들은 죽음 속에 있다. 더 이상 살아 있지 않을 때, 그대들은 죽음 너머에 있기 때문이다. 그대들은 혹시 "삶이 끝나면 우리는 죽은 것이다."라고 표현하고 싶을지도 모르겠다. 그러나 그대들은 살아 있는 동안 죽어가고 있다. 죽음은 죽은 자보다 죽어가는 자를 더 거칠게, 더 격렬하게, 더 깊숙하게 건드린다. 만약 그대가 삶에서 뭔가 혜택을 얻었다면, 인생을 충분히 맛본 셈이니, 그것으로 만족하고 떠나라.

왜 그대는 잔치에서 배불리 먹은 손님처럼
인생으로부터 떠나가지 않는가?
루크레티우스

만약 그대가 인생을 이용할 줄 몰랐다면, 인생이 그대에게 무익한 것이었다면, 그것을 잃는다 한들 무슨 상관이며, 그것을 더 원해봤자 무슨 소용이 있는가?

어찌하여 그대는 더 유예하려 하는가,
또다시 잃어버릴 날들을, 결실도 없이

사라질 날들을?

루크레티우스

　인생은 그 자체로는 좋은 것도 나쁜 것도 아니다. 그대가 인생에 마련해주는 무대의 좋고 나쁨에 따른다. 그대가 하루를 살았다면 그대는 모든 것을 본 것이다. 하루는 모든 날과 같기 때문이다. 다른 빛이 있는 것도 아니며, 다른 밤이 있는 것도 아니다. 저 태양, 저 달, 저 별들, 저 배치. 그것들은 그대의 조상들이 즐겼던 것과 같고, 또 그대의 자손들을 즐겁게 해줄 것이다.

　그대의 조상들도 다른 것을 보지 않았고,
　그대의 자손들도 다른 것을 보지 않으리니.

마닐리우스

　어찌 됐든 내 연극 속 모든 막幕들의 배치와 변화는 일 년이면 분명하게 정해진다. 만약 그대가 나의 사계四季의 변화에 주목했다면, 거기에는 세상의 유년기, 청년기, 장년기, 노년기가 다 들어 있음을 알 수 있을 것이다. 세상은 이미 자신의 연기를 펼친 것이다. 세상은 그것을 반복하는 것 외에 다른 재주는 알지 못한다. 앞으로도 늘 그럴 것이다.

> 우리는 같은 곳을 배회하며, 언제나 거기에 머무르고,
> 루크레티우스

> 세월은 자신의 발자국 위를 끊임없이 맴돈다.
> 베르길리우스

나는 그대에게 새로운 심심풀이를 만들어줄 생각이 없다.

> 그대를 즐겁게 해주기 위해 내가 궁리해낼 수 있는 것은 아무것도 없다.
> 모든 것은 언제나 똑같다.
> 루크레티우스

다른 사람들에게 자리를 양보하라. 다른 사람들이

그대에게 했던 것처럼. 평등은 공정의 가장 중요한 요소이다. 모든 사람이 포함되어 있는 곳에 자신도 포함되어 있음을 누가 불평할 수 있겠는가? 아무리 살려고 노력해도 죽은 뒤의 시간을 단축할 수는 없다. 다 쓸데없는 짓이다. 젖먹이 때 죽은 것과 마찬가지로 오래오래 그대들이 두려워하는 그 상태에 머무르게 되리라.

그대가 원하는 만큼 몇백 년을 더 산다고 해도,
죽음은 영원히 그대를 기다리고 있으리라.

루크레티우스

그리고 나는 불평할 것이 전혀 없는 상태에 그대들을 놓아둘 것이다.

모르는가, 정녕 그대에게 죽음이 닥쳤을 때에는,
여전히 살아서 그대를 굽어보며 슬퍼할 수 있는,
또 다른 그대란 존재하지 않으리라는 것을.

루크레티우스

그대 또한 그토록 아까워하는 생명을 더 이상 원치 않을 것이다.

그때엔 어느 누구도 자기 삶이나 자기 자신을
그리워하지 않을 것이며,
우리 자신에 대한 그 어떤 미련도 우리를 괴롭히지
않을 것이기에.

루크레티우스

"죽음을 훨씬 더 대수롭지 않게 생각해야 한다. 만일 완전한 없음[無]보다 더 대수롭지 않은 것이 있을 수 있다면."(루크레티우스)[28] 죽음은 그대들이 살아 있거나 죽어 있거나 상관하지 않는다. 살아 있다면 그대들이 살아 있으니 그렇고, 죽었다면 그대들이 더 이상 없기 때문에 그렇다. 그 누구도 때가 되기 전에는 죽

---

28 이 대목에서 몽테뉴는 루크레티우스의 《사물의 본성에 관하여》 제4권 926-927행을 직접 인용하고 있다. 죽음 이후에는 완전한 없음(무)의 상태가 되는데, '무'보다 적은 것은 있을 수 없으므로 죽음을 두려워할 필요가 없다는 뜻이다.

지 않는다. 그대들이 남겨두고 가는 시간은 태어나기 전 시간과 마찬가지로 그대들의 것이 아니다. 둘 다 그대들과는 관계가 없다.

> 돌아보라, 태어나기 전에 흘러간 무한한 시간이
> 우리에게 얼마나 아무것도 아니었는지를.
> 루크레티우스

그대의 인생이 어디서 끝나건, 그것은 거기까지가 전부이다. 인생의 가치는 그 기간에 달린 것이 아니라 그것을 어떻게 사용했느냐에 달려 있다. 오래 산 이도 있지만 조금밖에 못 산 이도 있다. 살아 있는 동안 그 점을 깊이 명심하라. 그대들이 충분히 살았는지 어떤지는 살아온 햇수에 달린 것이 아니라 그대들의 의지에 달려 있다. 그대들은 쉬지 않고 그곳을 향해 가면서도 결코 그곳에 도착하지 않으리라 생각했는가? 끝이 없는 길은 없다. 그래도 위로가 되는 것이 있다면, 세상 사람들이 그대들과 같은 길을 가고 있지 않은가?

모든 것이 그대를 따라 죽음으로 가리라.

루크레티우스

모든 것이 그대들과 똑같이 움직이고 있지 않은가? 그대들과 함께 늙어가지 않는 것이 있는가? 수많은 사람, 수많은 동물, 그리고 수많은 다른 피조물도 그대들이 죽는 바로 그 순간에 죽는다.

갓난아이의 울음소리에 죽음과 장례에 따르는
비통한 울부짖음이 섞이지 않은 채
밤이 낮으로, 새벽이 밤으로 이어진 적은 없다.

루크레티우스

죽음으로부터 도망칠 수 없는데 어째서 그대들은 뒷걸음질 치는가? 그대들은 죽음으로써 큰 불행에서 벗어나 오히려 다행이었던 사람들을 충분히 보았을 것이다. 죽어서 불행해진 사람을 본 적이 있는가? 그러니 직접 경험해본 적도 없고 다른 사람을 통해 경험해본 적도 없는 것을 비난하는 것은 너무나 어리석은 짓이다. 왜 그대는 나와 운명에 대해 불평을 토로하는가? 내가 그대에게 무슨 죄를 지었단 말인가? 그대가 나를 다스려야 하는가, 아니면 내가 그대를 다스려야 하는가? 그대의 나이는 아직 다 차지 않았어도 목숨은 끝에 다다랐음을 모르는가. 나이가 어린 사람도 나이가 든 사람과 마찬가지로 필요한 것이 모두 갖춰진 사람이다.

어떤 인간도, 어떤 인간의 인생도 자로 측정될 수 없다. 케이론[29]은 시간과 수명의 신인 자신의 아버지 사투르누스[30]에게서 불사不死의 여러 가지 조건을 듣고는 불사를 거절했다. 상상해보라. 영원한 생명이란 것이 내가 인간에게 준 생명보다 얼마나 더 견디기 힘들고 괴로운 것인가를. 만약 그대들에게 죽음이 없다면, 그대들은 왜 죽음을 거두어갔느냐고 끊임없이 나

---

29 그리스 신화에 나오는 켄타우로스족 가운데 가장 현명한 인물. 크로노스와 오케아노스의 딸 필리라 사이에서 태어난 아들로 의술, 음악, 무예에 뛰어났다. 불사의 몸으로 태어났지만 히드라의 맹독을 바른 헤라클레스의 화살에 맞아 신음하다가 제우스에게 죽음을 간청하여 숨을 거두었다.

30 로마 신화의 농경신. '씨를 뿌리는 자'라는 뜻이다. 로마에서는 그리스 신화의 크로노스와 같은 신으로 보았다.

를 저주할 것이다. 나는 죽음의 편익을 알고 있기 때문에, 그대들이 지나치게 죽음을 탐하거나 무분별하게 죽음을 껴안지 못하도록 일부러 죽음에 쓴맛을 섞어 넣었다. 삶을 외면하지도 않고, 죽음 앞에서 뒷걸음질 치지도 않으면서 내가 그대들에게 요구하는 저 중용의 상태에 머무를 수 있도록, 삶과 죽음의 단맛과 신맛을 조절해놓았다.

나는 그대들의 현자 중 첫 번째 사람인 탈레스[31]에게 사는 것과 죽는 것은 같다고 가르쳤다. 어느 날 누가 그에게 "그렇다면 왜 당신은 죽지 않습니까?"라고 묻자 그는 아주 현명하게도 "어느 쪽이건 상관없기 때문이오."라고 대답했다. 물, 흙, 공기, 불, 그리고 나의 건물인 이 세계를 이루는 그 밖의 모든 요소들은 그대의 죽음에 필요한 도구가 아닌 만큼 그대의 삶을 위한 도구 또한 아니다. 왜 그대는 마지막 날을 두려워하는가? 그날이 다른 날들보다 그대의 죽음에 더

---

[31] 그리스 최초의 철학자. 자연철학의 시조로 불린다. 물이 모든 물질의 본질이라는 우주론을 주장했다. 후대의 연구자들이 기원전 585년 5월 28일에 일어났을 것으로 추정하는 일식을 예언한 것으로 유명하다.

영향을 미치는 것도 아니다. 마지막 걸음은 피로를 불러오는 것이 아니라 단지 피로를 선언할 뿐이다. 모든 날들이 죽음을 향해 가고, 마지막 날은 거기에 도달하는 것이다.

여기까지가 우리의 어머니인 자연이 들려주는 조언이다. 그런데 나는 종종 다음과 같은 점이 궁금했다. 왜 죽음의 얼굴은, 그것이 우리 자신의 것이건 타인의 것이건, 집에서보다 전쟁터에서 훨씬 덜 무섭게 여겨지는 것일까? (그렇지 않다면 군대는 의사와 울보들로 가득 찰 것이다) 그리고 죽는 것은 같은데 어째서 시골 사람들이나 신분이 낮은 사람들일수록 죽음에 대해 훨씬 더 침착한 태도를 보이는 것일까?

사실 나는 죽음 자체보다 우리가 꾸며서 갖다 붙인 죽음의 무시무시한 이미지와 의식들이 우리를 더 두렵게 한다고 생각한다. 평소와는 전혀 다른 생활 방식, 어머니나 아내나 자식들의 울부짖음, 소식을 듣고 몹시 놀라고 당황한 사람들의 방문, 창백한 얼굴로 울고 있는 하인들의 법석거림, 어두컴컴한 방과 켜져 있는 촛불들, 의사와 설교자들에게 둘러싸인 머리맡 등,

죽음이라고 하면 온갖 끔찍하고 무서운 것이 떠오른다. 우리는 죽기도 전에 벌써 땅속에 묻혀 장례가 치러진 셈이다. 아이들은 친구가 가면을 쓰고 있는 것만 봐도 무서워한다. 우리도 마찬가지다. 사람들뿐 아니라 사물들에서도 가면을 벗겨내야 한다. 가면이 벗겨지면, 우리는 맨눈으로 얼마 전 하인이나 하녀가 아무런 두려움 없이 지나간 바로 그 죽음을 보게 될 것이다. 우스꽝스러운 가장행렬을 준비할 여유조차 남기지 않는 죽음은 얼마나 행복한 죽음인가!

죽음에 익숙해지는 사람은 없다

» 제2권 6장 «
훈련에 대하여

귀스타브 쿠르베, 〈자화상: 절망하는 남자〉, 1843-1845

경험을 통해 우리의 영혼을 우리가 원하는 방향으로 나아가도록 훈련하지 않는다면, 이성적 사유와 교육을 기꺼이 신뢰한다 해도 그것만으로는 우리를 행동으로까지 이끌 만큼 강력하다고 할 수 없다. 경험이 없다면 그 영혼은 실제 행동에 착수할 때 분명 어려움을 겪게 될 것이다. 그렇기 때문에 철학자들 사이에서도 탁월한 경지에 도달하려고 했던 사람들은 운명의 냉혹함을 기다리는 것만으로 만족하지 않았다. 싸움에 경험이 없는 풋내기로 운명의 엄습을 당하지나 않을까 걱정했기 때문이다. 그들은 자진해서 운명에 맞서고, 어렵고 힘든 시련에 몸을 던졌다. 어떤 사람은 재산을 버리고 스스로 선택한 빈곤 속에서 살아가는 훈련을 했다. 또 어떤 사람은 고역과 고행으로 해악과 노고를 견딜 수 있도록 단련했다. 또 다른 어떤 사람들은 눈이나 생식기 같은 자기 몸의 가장 중요한 부분을 도려냈는데, 그런 부분을 지나치게 편안하고 즐겁게 사용하다가 자기 영혼의 견고함을 약하고 타락하게 할까 봐 걱정했기 때문이다.

그러나 우리가 완수해야 할 가장 큰 과업인 죽음의 경우에는 어떤 실질적인 훈련도 별 도움이 되지 않는다. 사람은 경험과 습관을 통해 고통과 수치와 가난, 그리고 그와 유사한 어려움이나 시련에 맞서 자기를 굳건하게 단련할 수 있다. 하지만 죽음은 평생 단 한 번밖에 겪어보지 못한다. 죽음에 직면해서 우리는 모두 초심자이다. 고대에는 시간을 매우 잘 쓸 줄 아는 사람들이 있었다. 그들은 죽음을 맛보고 음미하려 했으며, 정신을 긴장시켜 죽음에 도달하는 과정을 알아보려고 했다. 그러나 그것을 우리에게 알려주러 다시 돌아오지는 못했다.

죽음이라는 차가운 휴식이 찾아오면
아무도 잠에서 깨어나지 못한다.

루크레티우스

로마의 귀족 카니우스 율리우스는 덕망이 높고 의지가 강한 인물이었다. 그는 저 천박한 황제 칼리굴라[1]에 의해 사형 선고를 받았을 때 굳은 결의의 증거를 여러 차례 보여주었다. 바야흐로 그가 사형 집행인의 손에 맡겨졌을 때 그의 친구인 한 철학자가 물었다. "카니우스, 지금 자네의 영혼은 어떤 상태인가? 영혼이 무엇을 하고 있나? 자네는 무슨 생각을 하고 있는가?" 친구의 물음에 그는 다음과 같이 대답했다. "나는 온 힘을 모으고 단단히 준비를 해서 그토록 짧고 간단한 죽음의 순간에 영혼이 옮겨 가는 과정을 관찰할 수 있는지 살펴보고, 영혼이 자신의 퇴출을 얼마간이라도 느낄 수 있는지 알아보고, 뭔가 알아낸 것이 있

---

[1] 로마의 제3대 황제. 즉위 초에는 민심 수습책으로 환영받았으나 점차 독재자로서 방탕한 생활을 하고 원로원과 대립하여 자기를 신격화할 것을 요구하다가 암살당했다.

다면 가능한 한 돌아와서 친구들에게 알려줘야겠다고 생각하고 있네." 이 사람은 비단 죽음에 이르러서만이 아니라 죽어가는 동안에도 철학자였다. 죽음이 자기에게 가르침이 되기를 바라고 그처럼 중대한 사건 속에서도 다른 일을 생각할 여유가 있었다니, 얼마나 침착하고 고매한 사람인가!

그는 죽어가면서도 자신의 영혼을 지배하고 있었다.
루카누스

그렇지만 나는 죽음을 길들이고, 어떤 의미로는 죽음을 경험해보는 방법이 있으리라 생각한다. 우리는 전적으로 완벽하지 못하지만 적어도 무익하지는 않은, 그리고 우리를 보다 굳건하고 의연하게 하는 방식으로 죽음을 경험해볼 수 있다. 죽음에 도달하지는 못하더라도 죽음에 가까이 다가가 그것을 식별할 수도 있다. 죽음의 성채 안까지 들어갈 수는 없지만 적어도 그곳으로 향하는 통로를 볼 수는 있다. 잠들어 있는 모습을 주의 깊게 관찰해보라고 하는 데에도 이유가 없지는 않다. 수면은 죽음과 비슷한 점이 있기 때문이다. 우리는 얼마나 쉽게 각성 상태에서 수면 상태로 넘어가는가! 어쩌면 그리도 손실을 거의 느끼지 못한 채로 광명과 우리 자신에 대한 의식을 잃어버리는가! 수면이 우리에게서 모든 감각을 앗아가기 때문에 아마도 그것이 무익하고 자연에 반하는 것으로 여겨질지도 모르겠다. 그러나 자연은 수면을 통해 자신이 우리를 살게 만든 것과 같이 죽게도 만들었다는 사실을 가르쳐준다. 그리고 우리가 태어나면서부터 우리를 위해 사후死後에 간직해둔 저 영원한 상태를 보여줌으로써 그것과 친숙하게 하고 그에 대한 공포를 없애주려 한다. 내 생각에, 뜻밖의 끔찍한 사고를 당해 의식을 잃어본 사람은 죽음의 맨얼굴을 아주 가까이에서 볼 뻔한 사람이다. 목숨이 다한 상태에서는 어떠한 감각도 느낄 수 없기 때문에, 저세상으로 넘어가는 과정에서 고통이나 갑갑함이 생기지 않을까 두려워할 필요가 조금도 없다. 고통을 느끼려면 시간이 필요하다. 그런데 죽음의 시간은 너무도 짧고 빨리 흘러가기에 우리가 그것을 느끼기란 불가능하다. 우리가 두려워해야 할 것은 '죽음에 가까이 가는 것'이고, 이것은 우리가 경험해볼 수 있는 일이다.

실제보다 상상에 의해 더 크게 느껴지는 것들이 많다. 지금껏 나는 생애의 대부분을 완벽하게 건강한 몸으로 지내왔다. 완벽할 뿐 아니라 원기 왕성하고 혈기 왕성하다고 할 정도였다. 그처럼 굳세고 건강하고 삶의 환희에 차 있을 때 나는 병을 매우 끔찍한 것으로 생각했다. 그러나 병을 경험하자 나는 그 아픔이 내가 두려워했던 것보다 훨씬 약하고 가벼운 것임을 알게 되었다. 나는 매일같이 다음과 같은 것들을 느낀다. 폭풍우가 휘몰아치는 밤에 안락한 거실에서 따뜻하게 지내는 동안에는 그 시간에 들판에 나가 있는 사람들을 생각하며 불안해하고 가슴 아파한다. 그러나 내가 들판에 나가 있을 때에는 다른 곳에 있고 싶다는 생각을 조금도 하지 않는다. 방 한구석에 늘 틀어박혀 있다는 사실 하나만으로도 내게는 참을 수 없는 일이었다. 그런데 갑자기 그렇게 할 수 없이 일주일에서 한 달쯤 지내다 보니 건강이 나빠졌고 딱할 정도로 몸이 허약해졌다. 그리고 내가 병들었을 때 나 자신을 동정하는 것보다 건강했을 때 병자들을 더 동정했다는 것, 내가 하는 생각이 사태의 본질과 진실의 거의 반가량은 더 크게 보이게 한다는 것을 알았다. 나는 죽음에 대해서도 그와 같기를 바란다. 또한 죽음을 준비하기 위해 내가 들이는 수고와 죽음의 충격을 완화하기 위해 내가 찾고 있는 도움이 별반 소용없기를 바란다. 그러나 알 수 없는 노릇이다. 어쨌든 죽음에 대해서는 아무리 조심해도 지나치지 않으니.

세 번째인지 두 번째인지 (정확하게 기억나지 않는다) 내전[2] 중이었던 어느 날, 나는 집에서 1리외[3]쯤 떨어진 곳으로 산책을 갔다. 프랑스에서 맹위를 떨치고 있던 내전의 한복판에서 살고 있었지만,[4] 집에서 무척 가까운 곳이었으므로 안전할 거라 생각하고 충분한 채비도 갖추지 않은 채, 부리기에는 좋지만 별로 실하지 않은 말을 타고 나갔다. 그런데 돌아오는 길에 뜻

---

2 1562년 바시에서 발생한 신교도 학살 사건으로 시작되어 1598년 낭트 칙령으로 끝난, 프랑스 종교 전쟁 와중에 일어난 내전을 말한다. 제2차 내전은 1567-1568년, 제3차 내전은 1568-1570년에 벌어졌다.
3 옛날의 거리 단위. 1리외는 약 4킬로미터.
4 몽테뉴의 영지는 신교도 영주들의 영지에 둘러싸여 있었다.

밖의 사고가 일어나는 바람에 그만 이 말이 평소에 당해보지 못한 상황이 벌어졌다. 내 하인 중에 키 크고 힘센 사내가 하나 있었는데, 그가 부리기도 쉽지 않고 원기 왕성하며 기운차고 억센 말을 타고 폼을 한번 잡아볼 요량으로 동료들을 앞질러 내가 가는 길 앞으로 전속력을 다해 달려드는 바람에 그 거인처럼 단단하고 육중한 몸집이 이 왜소한 남자와 작은 말에 벼락 치듯 부딪쳐 둘 다 거꾸로 내동댕이쳐버린 것이다. 말은 놀라서 쓰러지고, 나는 열 걸음쯤 앞으로 나가떨어져 뻗어버렸다. 얼굴이 상처투성이가 되었고, 손에 쥐었던 칼은 열 걸음쯤 더 앞으로 날아갔으며, 허리띠는 조각이 나버렸다. 나는 나무토막처럼 꼼짝도 하지 못했으며 감각마저 잃었다. 그것이 내가 이제껏 경험해본 유일한 기절 상태였다. 함께 있던 사람들이 나를 살리려고 온갖 수단을 다 써보다가 결국 죽었다고 생각하고는 여럿이 안아 거기서 약 반 리외쯤 떨어진 내 집까지 갖은 고생을 해서 옮겼다. 그런데 가는 도중에, 적어도 두 시간 동안 죽은 것 같았던 내가 몸을 꿈틀거리며 숨을 쉬기 시작했다. 내 위 속에 많은 피가 괴

어 있어서, 타고난 기력이 힘을 발휘해 그것을 토해내
야 했던 것이다. 나는 사람들의 부축을 받으며 일어나
그 자리에서 피를 한 통쯤 철철 토했다. 집까지 가면
서 몇 번이나 그런 식으로 피를 토해야 했다. 그렇게
해서 조금 생기를 되찾기 시작했지만, 그것도 아주 조
금씩이었고 오랜 시간이 걸렸으므로, 내가 처음에 느
낀 감각은 살아 있음보다는 오히려 죽음에 훨씬 가까
운 것이었다.

자신이 소생했음을 아직 믿지 못하여
영혼은 망연한 채 갈피를 잡지 못하니,
타소[5]

내 영혼에 깊이 새겨진, 죽음에 관련된 이 추억은
나에게 죽음의 모습을 진실에 매우 가깝게 보여주었
고 나를 얼마간 죽음에 친숙하게 해주었다. 사물이 겨

---

[5] 토르콰토 타소. 이탈리아의 시인. 제1차 십자군 원정 당시의 예루살렘 점령 과정을 다룬 영웅 서사시 《해방된 예루살렘》(1580)을 저술했다.

우 보이기 시작했을 때에도 시력이 흐리고 약하고 죽은 거나 마찬가지여서, 나는 빛 말고는 아무것도 분간할 수 없었다.

> 반은 자고 반은 깨어 있는 사람처럼,
> 눈을 떴다 감았다 한다.
> 타소

정신 기능으로 말하면, 신체 기능과 함께 살아났다. 나는 온몸이 피투성이인 것을 알아차렸다. 내가 토해낸 피로 저고리가 온통 물들어 있었기 때문이다. 맨 먼저 떠오른 것은 머리에 화승총[6]을 맞았다는 생각이었다. 사실 그 일이 벌어졌을 때 가까운 어딘가에서 몇 발의 총성이 들렸던 것이다. 생명이 입술 끝에 간신히 매달려 있는 듯싶었다. 나는 생명을 밖으로 밀어내는 것을 돕기라도 하는 양 두 눈을 감았다. 그리고 기

---

6 15세기 중엽에 스페인에서 발명된 최초의 견착식 무기. 16세기 이탈리아 전쟁과 종교 전쟁 때 널리 사용되었다. 화승총의 등장으로 칼, 창, 갑옷, 기마 등의 요소로 이루어진 중세 이래의 전투 양상이 일거에 변했다.

운이 멀리 빠져나가도록 나 자신을 내버려두게 되는 상황을 음미했다. 물론 그것은 내 영혼의 표면을 떠도는 상상에 불과했고, 나머지 다른 요소들과 마찬가지로 약하고 희미한 것이었다. 그렇지만 사실 거기에는 불쾌한 느낌이 전혀 없었을뿐더러, 마치 잠이 스르르 올 때와 같은 감미로움마저 섞여 있었다.

단말마의 고통으로 쇠잔해진 사람들도 그런 상태에 있었을 것이다. 따라서 그들이 극심한 고통에 시달리고 있거나 비통한 생각에 번민하고 있을 거라고 여겨 그들을 동정할 이유는 전혀 없다고 생각한다. 많은 사람의 의견이나 에티엔 드 라 보에시[7]의 의견과 달리, 나는 늘 다음과 같이 생각했다. 죽을 때가 가까워져서 엎어져 있거나 착 가라앉은 사람들, 오랜 병에 지친 사람들, 또는 중풍으로 졸도했거나 간질 발작으로 기력을 잃어버린 사람들…….

---

[7] 프랑스의 작가이자 윤리학자. 보르도에서 판사로 일했고 몽테뉴의 절친한 친구였다.

한 남자가 종종 병의 발작에 사로잡혀, 벼락 맞은 것처럼 우리 눈앞에 쓰러진다. 그는 거품을 물고, 앓는 소리를 내고, 사지를 떨고, 헛소리를 하고, 근육이 뻣뻣해지고, 몸을 비틀고, 숨을 헐떡이다가, 마침내는 이따금 버르적거릴 정도로 녹초가 된다.
루크레티우스

또는 머리에 부상을 입고 죽음을 기다리며 선잠에 빠진 사람들을 보거나 그들이 이따금 괴로운 숨과 함께 토해내는 신음을 들으면, 조금은 의식이 남아 있고 몸이 어느 정도는 움직일 수 있는 것처럼 보이더라도 영혼과 육체는 이미 깊은 잠에 파묻혀 있을 거라고 나는 생각했다.

그는 살아 있다. 그러나 자신이 살아 있다는 것을 의식하지 못한다.
오비디우스

그토록 사지가 망가지고 감각을 잃어가는데도 영

혼이 내부에 자기를 의식할 만큼의 힘을 유지한다는 사실을 나는 도저히 믿을 수 없었다. 자신을 고통스럽게 하거나 자신의 비참한 상태를 느끼고 판단하는 이성적 사유가 없으므로 그들을 동정할 필요가 전혀 없다고 생각했던 것이다.

나로서는 영혼이 살아 있는데 고통을 받고 게다가 그 고통을 표현할 방도가 없는 것만큼 끔찍한 상태를 상상할 수 없다. 예를 들면 혀를 잘린 다음 체형에 처해지는 사람들의 경우가 그렇다(물론 그와 같은 죽음의 경우 아무 말도 하지 않고 태연자약하게 죽음을 받아들이는 것이 가장 의연한 태도라고 생각하지만 그것은 또 별개의 일이다). 또한 우리 시대의 군인들 같은 소름 끼치는 형리들의 손에 붙잡혀 그들에게 온갖 잔인한 고문을 당하고, 너무 과도해서 지불할 수도 없는 몸값을 강요받으면서도 자신들의 육체적, 정신적 고통을 표현하거나 알릴 아무런 방법이 없는 상황과 장소에 처해 있는 저 불쌍한 죄수들의 경우도 그렇다. 시인들은 그렇게 죽음이 지체되어 고통받는 사람들을 해방해주는 몇몇 선의의 신들을 생각해냈다.

나는 지옥의 신에게 그의 공물을 바쳐

너를 너의 육체로부터 해방한다.

베르길리우스

    종종 죄수들의 귀에 대고 고함을 치거나 몸을 거칠게 흔들어서 그들로부터 앞뒤가 맞지 않는 짧은 몇 마디 말 또는 대답을 끌어내거나, 사람들의 요구에 동의하는 것처럼 보이는 동작을 억지로 시키는 경우가 있다. 하지만 그것이 그들이 살아 있다는 증거, 적어도 그들이 온전히 살아 있다는 증거가 되지는 않는다. 우리에게도 마찬가지 일들이 일어난다. 잠 속으로 완전히 빠져들기 전에 꾸벅꾸벅 졸면서 우리는 주변에서 일어나는 일을 꿈꾸는 것처럼 느끼고, 겨우 영혼의 언저리에나 다다랐을 법한 목소리를 희미하고 불확실한 청력으로 따라가는 경우가 있다. 그리고 사람들의 말이 끝나자마자 곧바로 대답하기도 하는데, 이것은 그 대답 속에 어떤 의미가 있다기보다는 대부분 우연히 대답한 것에 지나지 않는다.

    그런데 실제로 그것을 경험해보니, 예전에 내가 내

린 판단이 옳았음을 조금도 의심하지 않게 되었다. 왜 나하면, 무엇보다 정신을 완전히 잃었는데도 내가 손톱으로 겉저고리(나는 갑옷을 입고 있지 않았다) 앞을 열려고 애를 썼기 때문이다. 그러나 상처를 입었다는 생각은 의식 속에 없었다. 우리에게는 우리의 의지에서 나온 것이 아닌 움직임이 얼마든지 있는 것이다.

반쯤 죽었으면서도 손가락은 움직여 또다시 무기를 잡는다.
베르길리우스

말에서 떨어지는 사람들은 본능적으로 팔을 앞으로 뻗는다. 이렇게 우리의 팔다리는 서로 도우며, 우리의 의지와 상관없이 움직인다.

커다란 낫이 달린 전차는
너무도 빨리 사람의 손발을 절단하기 때문에
잘려나간 손발이 땅 위에서 꿈틀거리는데도
고통은 아직 그 사람의 영혼에까지

도달하지 않는다고 한다.

루크레티우스

　내 위가 엉긴 피로 꽉 차 있었으므로 내 손은 저절로 그쪽으로 움직여갔다. 종종 손이 우리의 의지에 반해 가려운 곳으로 향하는 것처럼 말이다. 죽은 뒤에도 근육이 오그라들거나 꿈틀거리는 동물이 몇몇 있는데, 인간에게도 그런 일이 있다. 모두가 경험해서 알고 있듯이 신체의 어떤 부분은 우리가 시키지도 않았는데 움직이거나 곧추서거나 줄어들거나 한다. 우리가 표면적으로만 겪는 이러한 감각을 우리의 것이라고는 할 수 없다. 그것들이 우리의 것이 되려면 우리의 마음과 몸 전체가 거기에 관련되지 않으면 안 된다. 잠자는 동안 우리의 손이나 발이 느끼는 고통은 우리의 것이 아니다.

　집 가까이에 다다르자 내가 말에서 떨어졌다는 소식을 이미 전해 들은 식구들이 그와 같은 경우에 으레 그렇듯 울부짖으며 나를 맞이했는데, 그때 나는 사람들이 묻는 말에 두세 마디 대답했을 뿐 아니라, 아내가 경사진 길에서 걷기 힘들어하며 발이 옭매여 버둥거리는 것을 보고는 아내에게 말을 갖다 주라고 주변에 명령할 정도였다. 그런 알아차림은 내 영혼이 각성한 상태였기 때문에 가능했을 터인데, 사실 나는 전혀 그런 상태에 있지 않았다. 허공에 헛되이 떠 있던 나의 생각은 눈과 귀의 감각에 의해 생긴 것이지 내 속에서 나온 것이 아니었다. 나는 내가 어디서 와서 어디로 가는지 몰랐고, 사람들이 내게 묻는 것을 헤아리거나 숙고해볼 수도 없었다. 그것은 이를테면 감각이 습관처럼 저절로 만들어낸 가벼운 행위였다. 여기에 영혼이 기여한 것이라고는 꿈속에서처럼 감각의 모호한 작용에 의해 적셔지거나 핥아져서 아주 가볍게 접촉된 것에 불과했다.

사실 그동안 내 기분은 매우 조용하고 평안했다. 나는 남을 위해서도 나를 위해서도 슬픔을 느끼지 않았다. 그것은 아무런 고통 없이 극도로 쇠약하고 무기력한 상태였다. 나는 내 집을 보고도 알아보지 못했다. 누군가가 나를 뉘어주었을 때 나는 그 휴식에 한없는 감미로움을 느꼈다. 그때까지 나를 황급히 옮기던 하인들에게 내 온몸이 시달리고 있었기 때문이다. 그들도 나를 싸안고 그 멀고 험한 길을 힘들게 오느라 가엾게도 도중에 지쳐서 두세 번 교대해야 했다. 사람들은 나에게 많은 약을 권했지만 나는 아무것도 먹지 않았다. 머리에 치명상을 입었다고 믿었기 때문이었다. 그때 죽었더라면, 거짓말 안 하고, 행복한 죽음이었을 것이다. 왜냐하면 내 이성적 사유가 쇠약해져 죽음에 대해 내가 아무런 판단도 내리지 못하게 했기 때문이다. 신체의 쇠약이 죽음에 대해 아무것도 느끼지 못하게 했기 때문이다. 나는 아주 천천히, 아주 부드럽고 편안하게 자신을 내맡기고 있었다. 그것만큼 고통스러운 느낌이 덜 드는 행위는 경험해본 적이 거의 없었다. 내가 다시 살아나 힘을 되찾았을 때,

> 그리고 마침내 나의 감각이 힘을 되찾았을 때,
> 오비디우스

두세 시간 뒤의 일이었다. 나는 갑자기 다시 고통 속으로 끌려 들어가는 것을 느꼈다. 낙마로 타박상을

입어 온몸이 쑤셔왔기 때문이다. 그 후 이삼일 동안 몸이 어찌나 아프던지 다시 한번 죽는 게 아닐까 하는 생각이 들었다. 그것도 이전보다 더 극심한 고통을 겪으면서 말이다. 지금도 나는 그때 받은 충격의 후유증을 느낀다. 내가 마지막으로 되찾은 것이 바로 이 사건에 관한 기억이라는 사실을 잊지 않고 싶다. 나는 내가 어디로 가는 길이었는지, 어디에서 돌아오는 길이었는지, 몇 시쯤 사고가 났는지 몇 번이고 되풀이해 들은 뒤에야 어찌 된 일인지 겨우 이해할 수 있었다. 내가 어떻게 해서 말에서 떨어졌는지에 대해서는 그 원인을 제공한 사람을 생각해서인지 모두들 숨기고 다른 말을 둘러댔다. 그러나 그로부터 오랜 시간이 지난 뒤 어느 날 아침, 내 기억이 반쯤 열려, 그 말이 나에게 달려들던 장면이 떠오르고 내가 어떤 상태였는지를 떠올리자(사실 말이 내 발뒤꿈치 너머로 보였을 때, 나는 이젠 죽었구나 하고 생각했다. 그러나 너무나 갑작스러운 생각이어서 공포심이 생길 겨를이 없었다), 번갯불이 영혼을 내리쳐 저승에 갔다가 돌아오기라도 한 것 같았다.

그 사건은 대수롭지 않은 것이어서, 만약 내가 거기서 나를 위해 교훈을 끌어내지 않았다면 참으로 하찮은 일이었을지도 모른다. 죽음과 친숙해지기 위해서는 죽음 가까이 가보는 것 말고는 길이 없다는 사실을 깨달았기 때문이다. 그런데 플리니우스[8]도 말했듯이, 사람은 가까이서 자신을 충분히 관찰할 기회만 있으면 누구나 대단히 좋은 연구 대상이 된다. 나는 여기에 내 학설을 제시하는 것이 아니라, 내 연구를 피력하는 것이다. 남을 위한 교훈이 아니라 나 자신을 위한 교훈인 것이다.

이 교훈을 남에게 전달한다고 해서 불쾌하게 생각하지는 마라. 나에게 쓰임새가 있는 일은 남에게도 도움이 될 수 있다. 어쨌든 나는 아무것도 망쳐놓지 않는다. 나는 내 것만 사용한다. 내가 어리석은 짓을 했다 해도 나에게 손해가 될 뿐, 다른 사람에게는 폐가 되지 않는다. 그것은 내 속에서 소멸하는 어리석음이

---

8 로마 제정기의 장군, 정치가, 학자. 군사, 역사, 수사학, 자연과학을 연구했다. 대백과전서인 《박물지》 37권을 저술했다.

며, 아무런 결과도 남기지 않기 때문이다. 그런 길을 걸어온 옛사람이 두셋밖에 없다는 이야기를 들었다. 그러나 그들이 이 문제를 내가 여기서 시도하는 것과 같은 방법으로 다루었는지 어떤지는 뭐라고 말할 수 없다. 우리는 그들의 이름밖에 모르기 때문이다. 그 뒤로 그들의 발자취를 따라가 본 사람은 아무도 없다. 우리 정신의 움직임처럼 몹시도 종잡을 수 없는 행동을 따라가거나, 내부에 있는 주름의 불투명한 깊이를 꿰뚫어 보거나, 요동치는 정신의 자질구레한 모습을 구분하거나 포착하는 것은 의외로 어려운 일이다. 그리고 그것은 우리를 세상의 평범한 일거리들에서, 아니 더 중요한 일거리들에서까지 벗어나게 하는 새롭고 이상한 놀이이다.

벌써 여러 해 전부터 나는 나만을 사유의 대상으로 삼고 있고, 나만을 검토하며 연구하고 있다. 그러므로 내가 어떤 다른 것에 관심을 가진다면 그것은 바로 나 자신에게 적용해보기 위해서이고, 또는 더 적절히 말하면 나 자신 속에 담아보기 위해서이다. 그리고 사람들이 비할 데 없이 무익한 학문에서 그렇게 하듯이 내가 이 사건을 통해 배운 것을(그렇다고 해서 내가 이 분야에서 만족할 만큼 발전했다는 뜻은 아니다) 다른 사람에게 알렸다 해도 결코 내가 틀렸다고 생각하지 않는다. 자기 자신을 묘사하는 것만큼 어려운 일도 없고, 그만큼 유용한 일도 없다. 게다가 사람들 앞에 모습을 드러내려면 머리를 빗고 몸단장을 하지 않으면 안 된다. 그런데 나는 언제나 나를 묘사하고 있기 때문에 끊임없이 나를 꾸미고 있는 것이다. 우리는 관례적으로 '자신'에 대해 말하는 것을 나쁜 일로 간주한다. 그리고 자신에 대해 이야기할 때 늘 따라다니는 것처럼 보이는 허풍을 증오해서 그것을 엄격하게 금하고 있다. 마치 아이의 코를 풀어줘야 하는데 코 자체를 잡아떼는 것과 같다고나 할까!

사람은 실수를 두려워해서 죄를 범한다.[9]

호라티우스

---

[9] "그러나 예술 감각이 결여된 경우에는 과오를 피한다는 것이 오히려 실수의 원인이 되고 마는 것입니다." 호라티우스, 《시론》, 31.

나는 이런 치료법에는 득보다 실이 더 많다고 생각한다. 사람이 자신에 대해 말한다는 것은 당연히 주제 넘는 짓이다. 그럼에도 불구하고 나는 나의 전반적인 계획을 존중하므로 이 병적인 경향을 여러 사람에게 널리 드러내어 알리는 일을 그만둘 수 없다. 왜냐하면 그것이 내 속에 있는 것이기 때문이다. 그리고 내가 실제로 행하고 있을 뿐 아니라, 공개적으로 고백한 이 과오를 숨겨둘 수도 없다. 이에 대한 내 생각을 말하자면, 몇몇 사람들이 취한다고 해서 술이 나쁘다고 비난하는 건 잘못이라는 것이다. 우리는 단지 좋은 것을 남용할 수 있을 뿐이다. 그러므로 나는 그런 규칙은 나약한 보통 사람들만을 노리는 것으로 생각한다. 그것은 송아지에게 씌우는 말굴레이다.[10] 자신을 몹시도 고귀하고 강렬하게 표현하는 성인聖人들은 물론이고 철학자나 신학자들도 그것에 구애받지 않는다. 나는 철학자도 신학자도 아니지만 역시 그것에 구애받지 않는다. 그들은 일부러 자기 자신에 대한 글을 쓰

---

10 어리석은 근거나 추론이라는 뜻.

지는 않지만, 적어도 기회가 생기면 단상에 오르길 주저하지 않는다.

소크라테스가 자기 자신에 대해서 말고 무엇을 더 많이 논했는가? 그는 제자들로 하여금 그들 자신에 대해서 말고 무엇을 더 많이 말하게 했는가? 그는 책 속의 가르침에 대해서가 아니라 그들 영혼의 움직임과 상태에 대해서 더 말하게 하지 않았던가? 우리는 우리의 이웃들[11]이 사람들 앞에서 하듯, 우리 자신을 신과 고해 신부에게 경건하게 드러내 보인다. 어떤 사람들은 다음과 같이 반박할 것이다. 우리는 우리가 인정한 잘못만을 말한다고. 바로 그렇기 때문에 우리가 모든 것을 말하는 것이다. 왜냐하면 우리의 미덕마저도 죄가 많고 회개를 요하기 때문이다. 직업과 기술은 세상을 살아가는 방법이다. 나의 생각과 경험과 습관에 따라서 살아가는 이야기를 하지 못하게 막는 사람은 건축가에게 자신의 견해가 아니라 이웃의 견해에 따라, 자신의 지식이 아니라 남의 지식에 따라서 건물

---

11 신교도.

에 대해 이야기하라고 시키는 것과 마찬가지다. 자신의 가치를 스스로 사람들에게 널리 알리는 것이 교만이라면, 어째서 키케로는 호르텐시우스의 웅변술을 칭찬하지 않고, 호르텐시우스도 키케로의 웅변술을 칭찬하지 않는가?[12]

사람들은 내가 말이 아니라 작품과 행동으로 나 자신을 보여주기를 바랄 것이다. 그러나 내가 묘사하는 것은 내 사유이다. 그것은 형체가 없어, 구체적인 결과로는 나타낼 수 없는 주제이다. 기껏해야 나는 공기로 만들어진 말소리에 그것을 담아낼 수 있을 따름이다. 가장 박식한 사람, 가장 신앙심이 깊은 사람들은 남의 눈에 띄는 행위를 일체 피해서 살았다. 나의 행적은 나 자신보다 운명에 대해 더 많이 이야기해줄 것이다. 그것은 나 자신이 아닌 나의 역할을 짐작으로

---

12 기원전 70년 로마의 식민지였던 시칠리아섬 주민들이 부패한 전직 총독 가이우스 베레스를 고발했다. 당시 시칠리아섬 주민의 변호를 담당한 사람은 36세의 젊은 변호사 마르쿠스 툴리우스 키케로였다. 가이우스 베레스의 변호사는 법정의 왕자로까지 칭송받던 호르텐시우스였다. 식민지 주민의 총독 고발, 햇병아리 변호사와 최고 변호사의 대결이라는 점에서 베레스 총독의 승리가 예상되었지만 결과는 반대였다. 재판은 시칠리아섬 주민의 승리로 끝났으며, 베레스는 모든 재산을 반납하고 식민지로 망명했다.

그리고 불확실하게 보여줄 뿐이다. 마치 개별적인 양상을 보여주는 표본처럼. 반대로 나는 나 자신을 모조리 보여준다. 혈관, 근육, 힘줄 등 신체의 각 부분을 한눈에 바라볼 수 있는 인체 해부도처럼 말이다. 기침을 하면 나의 일부가 드러나고, 창백한 얼굴이나 심장의 고동은 나의 다른 일부를 다소 모호하게 드러낸다.

내가 묘사하는 것은 나의 행위가 아니다. 내가 묘사하는 것은 나, 그리고 나의 본질이다. 나는 나 자신을 평가하는 데 신중해야만 하고, 나에 대해 증언하는 데 양심적이어야 하며, 좋든 나쁘든 차별을 두어서는 안 된다고 생각한다. 만약 내가 나 자신을 선량한 사람이나 현명한 사람, 혹은 그에 가까운 사람으로 본다면 나는 그 사실을 목이 터져라 외칠 것이다. 자신을 실제보다 낮추어 말하는 것은 어리석은 것이지 겸손이 아니다. 자신의 가치를 실제보다 낮게 평가하는 것은, 아리스토텔레스에 따르면,[13] 비겁한 짓이고 소심한 짓이다. 어떠한 미덕도 거짓말의 도움을 받지는 않는다. 진리는 결코 오류를 위한 재료가 되지 않는다. 자기를 실제보다 과장되게 말한다고 해서 항상 오만이라고 할 수는 없다. 어리석음 때문에 그렇게 되는 경우도 종종 있다. 내가 생각하기에 본래의 모습에서 벗어나 지나치게 우쭐대고 터무니없을 정도로 자기애에 빠지는 것은 오만이라는 악덕의 실체이다. 그 악덕을 고치는 최상의 약은 자신에 대해 말하지 못하게 함으로써 결과적으로 자신에 대해 생각하는 것마저도 못하게 만드는 자들의 명령과 정반대로 행동하는 것이다.

오만은 생각 속에 있다. 여기서 혀는 작은 역할밖에 하지 못한다. 그 사람들은 자기를 돌보는 것을 자기만족에 빠져 있는 것으로 본다. 자기와 교제하고 자기와 관계 맺는 것을 자기를 총애하는 수작으로 본다. 그럴 수도 있다. 그러나 그런 과도한 행위는 자기를 피상적으로만 관찰하는 사람들, 자기 일의 성공 여부에 따라 자기를 평가하는 사람들, 자기 자신을 보살피는 것을 몽상이나 무위라 부르고 자신의 품성을 기르

---

13 "허풍선이는 실제로 자기가 갖고 있지 않은 평판을 가진 척하거나 실제로 가진 것보다 더 크게 꾸며내어 말하는 사람이며, 자기를 비하하는 사람은 자신이 실제로 그런 평판을 갖고 있지 않다고 부인하거나 더 작게 줄여서 말하는 사람이다." 《니코마코스 윤리학》 4권 7장.

고 재능을 쌓아가는 것을 공중누각을 짓는 것과 같다고 하는 사람들, 즉 자기 일을 자기 자신과 관계없는 제삼자의 일로 보는 사람들에게만 일어난다.

만약 누군가 자기보다 못한 것을 내려다보며 자신의 지식에 도취하면, 눈을 치켜떠 과거의 몇 세기를 돌아보게 하라. 그러면 그 사람은 거기에서 자기보다 월등한 수천의 정신을 발견하고는 겸허해질 것이다. 만약 자신의 용기에 우쭐해져서 오만해진다면, 그에게 두 스키피오[14]와 에파미논다스[15]의 수많은 군대, 수많은 인민의 삶을 상기하게 하라. 그는 그들의 발꿈치에도 못 미칠 것이다. 아무리 특별한 소질을 가진 사람일지라도 자기가 지닌 불완전하고 나약한 수많은 존재 방식을 생각한다면, 요컨대 인간 조건의 허무함을 생각한다면, 오만해지지는 않을 것이다.

---

14 제2차 포에니 전쟁에서 한니발을 격파해 전쟁을 종결시킨 고대 로마의 장군이자 정치가 스키피오 아프리카누스(일명 대大 스키피오 또는 대 아프리카누스)와 대 스키피오의 양자로 '소小 아프리카누스'라고 불린 스키피오 아이밀리우스. 후자는 카르타고를 쳐서 제3차 포에니 전쟁을 종결시켰다.

15 고대 그리스 테베의 정치가이자 군사 전략가. 스파르타의 군사적 우위에 쐐기를 박았고 그리스 도시국가들의 세력 균형을 유지시키는 데 중요한 역할을 했다.

소크라테스는 "너 자신을 알라."라는 자신의 신[16]의 가르침을 진지하게 자기 것으로 삼아 연구함으로써 자신을 경멸하는 경지에 도달한 유일한 사람이었기 때문에 '현자'라는 별칭을 받을 가치가 있는 유일한 사람으로 인정되었다. 이처럼 자기 자신을 아는 사람은 자기 자신을 자기 입으로 과감하게 알려야 한다.

---

[16] 아폴론을 말한다. 소크라테스의 유명한 격언 "너 자신을 알라"는 그리스 중부 파르나소스산 중턱에 있는 고대 도시 델포이의 아폴론 신전 박공에 새겨져 있다.

도메니코 페티, 〈명상〉, 1618

일 년이 넘는 계획은 세우지 마라

» 제2권 28장 «
모든 일에는 알맞은 때가 있다

조르주 드 라 투르, 〈등불 아래에서 참회하는 막달라 마리아〉, 1640년경

감찰관 대 카토와 자살을 선택한 소 카토를 비교해보면[1] 그들에게 비슷한 형태의 각기 다른 두 가지 훌륭한 천성이 있다는 것을 알게 된다. 대 카토는 자신의 천성을 다방면에 걸쳐 발휘했고 특히 군사적 위업이나 공적 직무의 실익 면에서 소 카토를 능가했다. 반면에 소 카토는 활력 면에서 덕성을 누군가와 비교하는 것 자체가 모독이며 대 카토에 비하면 훨씬 흠결이 없다.

---

[1] 대 카토는 로마의 정치가이자 문인이다. 로마가 그리스화하는 것에 반대하며 중소 농민을 보호하고 반反 카르타고 정책을 펼칠 것을 주장했다. 라틴 산문 문학을 개척하는 데 기여했다. 소 카토는 대 카토의 증손자이며 로마 공화정 말기의 정치인이다. 카이사르에 대항해 로마의 공화정을 수호했다. 부패가 만연했던 로마의 정치 상황에서 청렴결백함의 상징으로 여겨졌다.

감찰관 카토의 덕성에 질투와 야심이 숨어 있지 않았다고 과연 어느 누가 말할 수 있겠는가? 그는 선량함과 그 밖의 모든 탁월한 덕성 면에서 동시대에 그 누구보다 뛰어났던 스키피오의 명성을 무너뜨릴 정도였다.

사람들이 그에 대해 이야기하는 것들 중에는 그가 고령에도 마치 오랜 갈망을 채우려는 듯 몹시 열정적으로 그리스어를 배우기 시작했다는 일화도 있는데, 이는 그에게 그다지 명예롭지 않은 일로 보인다. 그것은 흔히 우리가 "늙으면 어린애가 된다."라고 하는 말과 다르지 않다. 모든 일에는 알맞은 때가 있다. 좋은 일이건 그렇지 않은 일이건 할 것 없이 모두 그렇다. '주기도문'을 외는 것도 알맞지 않은 때가 있는 것이다. 비록 전투에서 승리하긴 했지만 티투스 퀸티우스 플라미니누스가 군대의 대장으로서 전투 중에 혼자 따로 떨어져 신에게 기도를 올리는 데 시간을 쓴 것 때문에 비난을 받았던 것처럼 말이다.

현자는 선행에도 일정한 한도를 정한다.

유베날리스

에우데모니다스는 크세노크라테스가 아주 늙은 나이에도 학교 공부에 열심인 것을 보고 "이 사람은 아직도 공부를 하고 있으니 도대체 언제 뭔가를 깨닫게 될까?"라고 말했다. 또 필로포이멘은 프톨레마이오스 왕이 매일 무기 훈련으로 신체를 단련하는 것을 두고 입을 모아 칭송하는 사람들에게 "왕이 그 나이에 무기로 훈련하는 것은 칭송할 만한 일이 아니오. 오히려 이제부터는 그것을 실전에 사용해야 할 것이오."라고 말했다.

젊은이는 인생을 준비해야 하고, 늙은이는 그것을 누려야 한다고 현자들은 말한다. 그리고 우리의 본성에서 그들이 주목하는 가장 큰 결함은, 우리의 욕망이 끊임없이 다시 젊어진다는 것이다. 우리는 늘 삶을 다시 시작하고 있다. 우리의 공부와 욕망은 때로는 나이 듦을 느껴야 한다. 우리의 한쪽 발은 무덤 속에 있는데도 욕구와 요구는 늘 다시 태어나기만 한다.

그대는 죽음에 임박해서도
무덤 생각은 않고,

대리석을 깎으며 집을 짓고 있다.

호라티우스

내 계획은 아무리 길어도 일 년을 넘지 않는다. 나는 이제부터 나의 마지막만을 생각할 것이다. 나는 모든 새로운 희망과 계획으로부터 나를 떼어놓는다. 나는 거처하던 모든 장소에 작별을 고한다. 그리고 날마다 내가 가지고 있던 것을 조금씩 버린다. "오래전부터 나는 잃지도 따지도 않았다. 내게는 남겨진 여정보다 더 많은 식량이 남아 있다."(세네카)

나는 살아왔다.

그리고 운명이 정해준 길을 모두 돌아다녔다.

베르길리우스

결국 내가 나의 노년에서 발견한 위안이라는 것은, 노년이 내 마음속에 있는 세상 형편에 대한 걱정, 재산, 지위, 학문, 건강에 관한 걱정, 나 자신에 관한 걱정 등, 인생을 심란하게 만드는 여러 욕망과 번뇌를 느슨하게 했다는 것이다. 우리는 영원히 침묵하는 법을 배워야 할 때 말하는 법을 배운다. 우리는 언제라도 공부를 계속할 수 있지만 학교 공부는 또 다른 문제다. 늙은이가 ABC를 배우다니 이보다 더 어리석은 일이 어디 있는가!

사람은 저마다 다른 취향을 가지고 있다.
모든 일이 모든 연령에 맞는 것은 아니다.
막시미아누스

공부를 해야 한다면 우리가 처해 있는 상황에 맞는 공부를 하자. 어떤 사람이 다 늙은 마당에 공부해서 어디에 쓰려고 하느냐고 물었을 때 "더 좋은 모습으로, 더 쉽게 이 세상을 떠나기 위해서"라고 대답했다는데, 우리도 그렇게 대답할 수 있도록 하자. 자신의 종말이 다가오고 있음을 느낀 소 카토가 했던 공부가 그런 공부였다. 그때 그는 영혼 불멸에 관한 플라톤의 대화편[2]을 만났다. 물론 그는 오래전부터 그런 떠남을 위해 모든 채비를 해두었다. 자신감, 굳센 의지, 지식

등에 있어서 그는 플라톤이 글을 통해 알려준 것보다 더 많은 것을 갖고 있었다. 그의 학식과 용기는 이 점에서 철학의 범위를 뛰어넘는 것이다. 그가 영혼 불멸을 공부한 것은 자신의 죽음에 도움을 얻기 위해서가 아니었다. 오히려 그런 중대한 결심에도 불구하고 잠을 못 이루거나 하지 않은 사람답게, 그는 특별한 선택이나 변화 없이 평소에 늘 하던 대로 자신의 공부를 계속했을 뿐이다. 소 카토는 집정관 선거에서 떨어진 날 밤은 놀이로 보냈으며, 죽기로 한 날 밤은 독서로 보냈다. 공직을 잃는 것이나 생명을 잃는 것이나 그에게는 그리 대단치 않은 일이었던 것이다.

---

2 플라톤의 《파이돈》. 이 책은 소크라테스가 사형당하기 직전에 젊은 철학자들과 나눈 대화를 담고 있다. 여기서 소크라테스는 죽음 이후에도 영혼은 살아남아 진리의 세계인 이데아의 영역으로 간다고 말한다.

다시 살더라도
지금과 똑같이 살아라

» 제3권 2장 «
후회에 대하여

아르놀트 뵈클린, 〈바이올린을 연주하는 죽음과 함께 있는 자화상〉, 1872

다른 작가들은 인간을 양성한다지만, 나는 인간을 이야기한다. 그리고 잘못 길러진 한 개인으로서의 인간을 묘사한다. 만일 내가 그를 다시 길러야 한다면 지금과는 완전히 다른 모습으로 만들어놓을 것이다. 그런데 어쩌랴. 이미 그렇게 만들어진 것을. 내가 그에게 부여한 특징이 여러 가지로 달라지고 다양해지긴 하지만 그릇된 것은 아니다. 세계는 영원히 흔들리는 그네[1]에 불과하다. 모든 것은 끊임없이 흔들린다. 대지도, 캅카스의 바위도, 이집트의 피라미드도 세계 전체의 운동과 그 자체의 운동으로 움직이고 있다. 영원불변함 자체도 사실은 시들어 힘이 없는 움직임에 불과하다. 나는 내 연구의 대상[2]에 대해 확신할 수 없다. 그는 자연스러운 취기의 영향을 받은 것처럼 비틀거리고 망설이면서 앞으로 나아간다. 나는 그가 존재하고 있는 상태 그대로, 내가 흥미를 느낀 순간의 그를 붙든다. 나는 존재를 그리지 않는다. 내가 그리는 것은 과정이다. 한 시기에서 다른 시기, 또는 사람들이 말하듯 칠 년씩의 과정이 아니라 하루하루 순간순간을 그린다. 내 이야기는 시간을 따라가야 한다. 그것은 정해진 운명에 따라 변할 수도 있고, 사실과 관계없이 의도적으로 변할 수도 있다. 이 책은 다양하고 유동적인 잡다한 사건들과 갈피를 잡을 수 없는 생각들, 때로는 서로 모순되기도 하는 생각들의 기록이다. 나 자신이 다른 나로 바뀌기 때문일 수도 있고, 내가 다른 상황

---

1 몽테뉴는 자기 주변의 자연을 관찰함으로써 변동에 대한 확신을 가지게 되었다. 몽테뉴는 《수상록》 제1권 31장 〈식인종에 대하여〉에서 다음과 같이 말한다. "현재 우리 고장의 도르도뉴강이 20년에 걸쳐 오른쪽 강변을 침식해 건물의 지반을 무너뜨린 것을 보면, 이는 심상치 않은 변동임을 알 수 있다. 만일 이런 현상이 계속된다면 이곳의 모습은 완전히 달라질 수 있기 때문이다. 게다가 강의 움직임도 변화무쌍하다. 어떤 때는 한쪽으로 흐르고, 때로는 반대 쪽으로 흐르기도 하며 어떤 때는 본래의 상태 그대로 있다."

2 몽테뉴 자신.

이나 다른 관점에서 주제를 다룰 수도 있기 때문이다. 어쨌든 경우에 따라 내가 모순되는 말을 하더라도, 데마데스[3]가 말했듯이, 진실에 어긋나지는 않을 것이다. 만일 내 영혼이 자리를 잡을 수만 있다면, 나는 나 자신을 다시 문제 삼지 않고 결단을 내릴 것이다. 그런데 내 영혼은 늘 수행 중이며 시련을 겪고 있다.

나는 여기에 변변찮고 광채 없는 한 인생을 드러낼 테지만, 상관없다. 모든 도덕 철학은 평범하고 소박한 개인의 삶에도, 좀 더 풍부하고 다채로운 천을 입힌 삶에도 똑같이 적용되게 마련이니까. 사람은 너나없이 인간이라면 누구나 가진 조건을 자기 속에 고스란히 지니고 있다.[4]

작가들은 자신만이 지닌 유별난 특징을 통해 자기

---

3 아테네의 웅변가, 외교관. 비천한 집안에서 태어났지만 힘찬 연설과 여론을 재빨리 헤아리는 능력 덕분에 중요한 정치적 지위를 얻었다.
4 《수상록》에서 가장 유명한 말 가운데 하나이다. 일본의 작가이자 사상가 홋타 요시에堀田善衛는 이 문장에 대해 다음과 같이 썼다. "인간이란 무엇인가를 알기 위해 성인군자 같은 특수한 모델을 따를 필요는 없고, '평범한 개인'을 충분히 아는 것만으로도 족하다는 선언으로 받아들여도 좋을 것이다. 요컨대 신의 은총이나 어떤 권위와 모범 같은 것에서 완전히 분리된 순수한 인간에 의한, 인간을 위한, 인간 자체의 정신적 태도(모럴)의 근거를 제시하겠다는 것이다." 홋타 요시에, 《몽테뉴》 제3권, 222쪽.

를 세상 사람들에게 보여준다. 나는 문법학자나 시인이나 법률가로서의 내가 아니라 보편적 존재인 미셸 드 몽테뉴라는 나를 내보이는 최초의 인간이다. 만일 사람들이 내가 나 자신에 대해 너무 많이 말한다고 불평한다면, 나는 그들이 자기 자신에 대해 생각조차 하지 않는다고 탓하겠다.

그러나 이렇게 지극히 개인적인 삶과 관련된 이야기를 세상에 알리는 것이 옳은 일일까? 형태와 기교가 위세와 권위를 가지는 세상에서 더할 나위 없이 허약한 본성에 기인한 즉흥적이고 단순하고 꾸밈없는 생산물을 세상에 내보이는 것이 옳은 일일까? 그것은 돌 없이 담을 쌓거나 학문에 대한 소양 없이 책을 쓰는 것과 비슷한 일은 아닐까? 음악가가 만든 작품은 예술의 규칙을 따른다. 내가 만든 작품은 우연에 기인한다. 적어도 나는 이 부분에 관해 원칙을 지킨다. 세상 누구도 내가 다루는 주제에 관해 나보다 더 잘 이해하고 잘 알지 못하며, 그것에 관해서만큼은 내가 살아 있는 이들 중에서 가장 잘 아는 사람이다. 또한 누구도 나만큼 자신이 다루는 것에 깊이 들어가보지 못했고, 요소나 결과를 더 정확하게 분석하지 못했으며, 일을 계획하면서 설정한 목표에 어김없이 완벽하게 도달하지 못했다. 계획한 일을 완성하려면 본받을 만한 대상에 충실해지는 것밖에 방법이 없다. 충실성은 요구되는 덕목들 가운데 가장 진지하고 순수한 덕목이다. 나는 진실을 말한다. 내가 원하는 만큼은 아니지만 내가 할 수 있는 데까지는 진실을 말한다. 그리고 나이를 먹어가면서 좀 더 과감해진다. 관습은 나이 먹은 사람에게 남을 비웃고 헐뜯거나 자신에 대해 말할 자유를 더 많이 주는 것 같다. 작가와 작품이 서로 닮지 않은 경우를 자주 보았지만, 여기서는 그런 일이 거의 일어날 수 없다. 사귀어보니 그렇게도 점잖은 사람인데 어떻게 그처럼 어리석은 이야기를 썼을까? 그처럼 박식한 이야기를 쓴 사람이 어떻게 이토록 실망스러울 수 있을까? 대화를 해보면 지극히 평범한데 훌륭한 글을 쓰는 사람은 그 능력을 자기가 아닌 외부에서 뭔가를 빌려 오는 사람이라고 할 수 있다. 박식한 사람이라고 해서 매사에 박식한 것은 아니다. 그러나 재능 있는 사람은 매사에 재능이 있다. 심지어 자신이 모르는 일에 대해서도 마찬가지다.

여기서 나는 내 책과 보조를 같이한다. 다른 사람의 경우에는 작품을 저자한테서 떼어내 칭찬하거나 비난할 수 있지만, 여기서는 그럴 수 없다. 한쪽을 건드리는 것은 곧 다른 쪽도 건드리는 것이다. 이 점을 알지 못한 채 작품을 판단하는 사람은 나에게보다 자기 자신에게 더 잘못을 저지르게 될 것이며, 이 점을 잘 알아주는 사람은 나를 전적으로 만족시켜줄 것이다. 내 지식을 이용해서 얻은 것, 내 기억력의 도움을 받은 것을 현명한 사람들이 느끼고 세상 일반의 동의를 얻을 수만 있다면, 나는 분에 넘치는 행복을 누리는 셈이다.

내가 자주 했던 말, 그러니까 나는 후회하는 일이 드물다고, 천사나 말[馬]의 양심 같지는 않아도 한 인간으로서의 양심을 가진 것 자체에 만족한다고 말한 것에 대해 여기서 사과하려고 한다. 내가 늘 되풀이하는 이런 말은 상투적으로 하는 말이 아니라 본질적이고 자연스러운 순종의 말이다. 나는 앎을 구하기 위해 말을 한다. 그리고 무식쟁이처럼 식견이 부족하므로 순진하고 단순하게 사람들의 일반적이고 정당한 의사 결정을 참조해서 말한다. 나는 가르치는 것이 아니라, 그저 이야기할 뿐이다.

사람의 비위를 거스르지 않고, 공정한 재판에서 비난을 받지 않는 악덕은 사실상 존재하지 않는다. 악덕은 너무도 명백하게 추하고 몰상식하기에 그것이 어리석음과 무지의 소산이라고 하는 사람들을 옳다고 할 정도이다. 악덕을 증오하지 않고 그것을 안다고 하기란 그만큼 어렵다. 악의는 그 자체에서 발생하는 독의 대부분을 들이마시며, 그 독에 중독된다. 악덕은 피부에 생기는 궤양처럼 영혼에 회한을 남긴다. 그리하여 영혼은 끝없이 제 상처를 긁어서 피투성이가 된다. 이성이 다른 슬픔과 고통을 지운다면, 악덕은 후회의 슬픔과 고통을 낳으며, 내부에서 생겨나는 만큼 훨씬 더 심각하다. 열병으로 인한 오한이 우리가 외부에서 느끼는 오한보다 더 혹독한 것처럼 말이다. 저마다 기준이 다르지만 나는 자연과 이성이 배격하는 것들뿐 아니라, 사람들의 여론이라는 것도 법률이나 관습에 영향을 받아 형성된 거짓되고 그릇된 것이므로 악덕이라고 본다.

    마찬가지로, 선행만큼 고결한 성품을 타고난 사람을 즐겁게 해주는 것은 없다. 착하고 어진 행동에는 우리의 내면을 기쁘게 해주는 알 수 없는 만족감이 있고, 선한 양심에 따르는 고귀한 자존심이 있다. 반면에 뻔뻔하게 악행을 저지르는 영혼은 태연함으로 스스로를 무장할 수 있을지 모르지만 선행이 주는 깊은 만족과 평온함을 느낄 수 없다. 이토록 부패한 시대에 오염되지 않고 자신을 잘 보살피고 있음을 느끼면서 마음속으로 다음과 같이 말할 수 있다는 것은 결코 보잘것없는 즐거움이 아니다. "누군가가 내 마음속을 들여다본다고 해도, 내가 죄를 지었거나, 어떤 사람의 마음을 아프게 했거나, 망하게 했거나, 복수심 또는 시기심을 가졌거나, 법을 공공연하게 어겼거나, 질서를 어지럽히고 파괴했거나, 약속을 어겼거나 하는 일 따위를 찾아볼 수 없을 것이다. 또한 이 시대에 방종이 누구에게나 그 짓을 허용하고 또 가르치고 있지만, 그래도 내가 어느 프랑스 사람의 재산이나 돈에 손을 대본 적이 없고, 전쟁 중일 때든 평화로울 때든 내가 가진 것으로만 살았으며, 보수를 지급하지 않고 남에게 일을 시킨 적이 없다는 것을 알리라." 양심의 이런 증언은 유쾌하다. 우리가 자연스럽게 느끼는 이런 기쁨만큼 우리에게 큰 보상은 없으며, 그 기쁨은 언제나 부족함이 없는 보답이다.

선한 행동을 하고 남이 칭찬해주길 바라는 것은 너무도 불확실하고 불순한 것에 그 보상을 기대하는 것이다. 특히 우리 시대처럼 부패하고 무지한 시대에는 사람들의 좋은 평가가 도리어 모욕이 된다. 칭찬할 만한 일을 했는지 아닌지를 누가 판단하게 할 것인가? 흔히 볼 수 있는 장면이지만, 자기 자신을 추어올려서 착한 사람이 되는 사람들처럼 행동하지 않도록 신이 나를 지켜주길 기도한다. "지난날의 악덕이 오늘날에는 풍습이 되었다."(세네카) 내 친구들 중 몇몇은 자진해서 또는 내 요청을 받아들여서 가끔 마음을 터놓고 나를 가르치거나 잘못을 탓하려고 했다. 그들은 그렇게 하는 것이 성숙한 영혼을 가진 사람에게 우정에서 우러나 할 수 있는 유익하고 친절한 봉사 가운데 가장 훌륭한 것이라고 생각했다. 나는 그들의 그런 행동에 예의 바르게 고마움을 표하면서 열린 마음으로 받아들였다. 그런데 그 당시를 솔직히 회상해보면, 나는 종종 그들의 칭찬이나 비난 속에 그다지 합당치 않은 것이 포함되어 있음을 알았기 때문에, 그들처럼 행동하지 않고 내 방식대로 나쁜 짓을 하더라도 잘못을 덜 저지르려고 했다. 바로 이런 이유로, 우리처럼 자신 이외의 어떤 사람에게도 보여줄 것 없이 오직 우리만 알 수 있는 내면적 삶을 영위하고 있는 사람들은 자기 내면에 행동의 시금석이 될 모델을 세운 뒤, 그것에 따를 때는 자신을 칭찬하고, 그렇지 않을 때는 자신을 질책해야 한다. 나는 나 자신을 재판하기 위한 나만의 법률과 법정을 갖고 있다. 그리고 다른 것보다 그것에 더 호소한다. 타인의 말에 따라 내 행동을 제한하기도 하지만, 나 자신을 따르지 않고는 행동을 확대하지 않는다. 당신이 비겁하고 잔인한지 혹은 충실하고 신앙심으로 충만한지 아는 사람은 오로지 당신 자신뿐이다. 다른 사람들은 결코 당신을 제대로 보지 못한다. 그들은 불확실한 추측으로 당신을 짐작할 뿐이다. 그들은 당신의 진정한 본성보다 당신이 그들에게 보여주는 것을 본다. 따라서 당신은 다른 사람의 판결에 따라서는 안 된다. 당신 자신의 판결에 따라야 한다. "그대가 써야 하는 것은 그대가 자신에게 내리는 판단이다."(키케로)[5] "악덕과 미덕에 대한 인식은 막중한 것이다. 만약 이것을 제거한다면 모든 것이 와해된다."(키케로)[6]

사람들은 죄악 가까이에 후회가 따라다닌다고 말한다. 그러나 그 말은 가장 높은 수준의 죄악, 마치 제 집에 있는 것처럼 우리의 내면에 들어앉아 있는 죄악과는 상관이 없어 보인다. 격정이 갑자기 우리를 사로잡아 악덕으로 몰아갈 때 우리는 그것이 자기 책임이 아니라고 부인할 수 있다. 그러나 오랜 습관에 의해 강력하고 단호한 의지를 갖추고 우리 안에 뿌리를 내리고 있는 악덕은 쉽게 물리칠 수가 없다. 후회는 우리의 의지를 철회하는 것이며, 우리를 사방으로 끌고 다니는 변덕스러운 생각들에 대한 반대 심정에 불과

---

5 키케로, 《투스쿨룸 대화》 제2권, 26, 63.
6 키케로, 《신들의 본성에 관하여》 제3권, 35, 85.

하다. 여기 하나의 예가 있다. 그는 지난날 자신의 미덕과 절제에 대해 질문을 던지고 있다.

> 어째서 오늘의 내 생각은
> 젊은 날의 내 생각이 아닌가?
> 어째서 나는 지금 이렇게 생각하고,
> 내 양 볼은 예전처럼 돌아오지 않는가?
> 호라티우스

사생활까지 정돈된 삶은 흔치 않은 훌륭한 삶이라고 할 수 있다. 누구나 공연에 참가해 무대 위에서 칭찬받을 만한 인물을 연기할 수 있다. 그러나 중요한 것은 모든 것이 허용되고 모든 것이 숨겨지는 자신의 마음속에서 규율을 지키는 것이다. 그다음 단계는 아무에게도 보고할 필요가 없고 기교나 가식도 필요 없는 자신의 집에서 평소의 행동에 규율을 세워보는 것이다. 바로 이런 이유로 비아스[7]는 훌륭한 가정생활 태도에 대해 다음과 같이 말한 것이다. "한 가정의 주인은, 밖에서 법이나 사람들의 평판을 고려해 처신하듯 집에서도 그렇게 처신해야 한다." 삼천 에퀴만 내면 전처럼 그의 집 안을 이웃 사람들이 들여다볼 수 없게 해주겠다고 일꾼들이 제안하자 드루수스 율리우스[8]는 다음과 같이 아름다운 표현으로 대답했다. "내가 육천 에퀴를 줄 테니 누구든 사방에서 집 안을 들여다볼 수 있도록 하라." 아게실라오스[9]가 여행할 때 항상 사원 안에 숙소를 정해, 백성들이나 신들이 그의 개인적인 행동까지 볼 수 있도록 한 것은 칭송받아 마땅한 일이다. 자기 집에서 자기 아내와 하인이 보아도 별로 흠잡을 만한 것이 없이 살아간 자는 세상에 그리 많지 않다. 집안사람들에게 감탄의 대상이 된 인물은 거의 없다.

자기 집에서나 고향에서 예언자였던 자는 없었다. 이것이 역사가 우리에게 가르쳐준 사실이다. 별로 중

---

7 프리에네의 비아스. 클레오불로스, 페리안드로스, 피타코스, 탈레스, 케일론, 솔론과 함께 고대 그리스의 칠현인七賢人 가운데 한 사람이다. 칠현인은 기원전 7세기에서 6세기 사이에 살았던 고대 그리스의 뛰어난 사상가와 정치가 7인을 가리킨다.
8 마르쿠스 리비우스 드루수스를 잘못 말한 것이다. 로마의 호민관으로, 비폭력적 방법으로 로마 공화정부를 개혁하고자 했다.
9 스파르타의 왕. 뛰어난 군사 전략가로, 그리스의 통일을 희생하더라도 스파르타의 이익을 증진하려 애썼다. 스파르타 정신의 화신으로 일컬어진다.

요하지 않은 일도 이와 다르지 않다. 보잘것없는 나의 예에도 위인들의 모습이 보인다. 우리 가스코뉴[10] 지방에서는 내 글이 인쇄되어 출간되는 것을 하찮게 여긴다. 내 집에서 멀리 있는 사람들이 내 글을 읽을수록 내 값어치는 올라간다. 기옌[11]에서는 내가 돈을 치르고 책을 인쇄한다. 하지만 다른 곳에서는 인쇄업자가 나에게 돈을 지불한다.[12] 사람들이 죽은 뒤에 칭송받으려고 이 세상에 살아 있는 동안 몸을 숨기는 것은 바로 이런 이유 때문이다. 나는 차라리 사람들에게 덜 평가받는 쪽을 택하겠다. 그리고 나에게 합당한 평가에 한해서만 세상에 나를 내놓겠다. 내가 세상을 뜬 뒤에 사람들이 내리는 평가는 나에게 별 의미가 없다.

공개 행사가 끝나면 사람들은 감탄을 하면서 저자

---

10 프랑스 남서부의 대서양 연안과 랑그도크 사이에 있는 지방. 7세기 후반부터 공국公國을 이루어 실질적인 독립을 유지해 왔으나, 백년전쟁 중에 영국의 지배를 받다가 1453년에 프랑스령이 되었다.

11 현재의 아키텐, 미디 피레네, 푸아투 샤랑트 부근에 해당하는 프랑스 남서 지방의 옛 이름.

12 《수상록》을 처음 펴낸 출판업자는 보르도의 시몽 밀랑주였다. 초판은 몽테뉴의 자비 출판이었다. 훗날 몽테뉴는 "처음에는 내가 출판사에 돈을 냈지만, 나중에는 그쪽에서 돈을 가져온다."라고 말했다.

를 집 문 앞까지 바래다준다. 그러나 집에 도착하면 옷과 함께 역할도 벗어놓는다. 높이 올라가면 갈수록 더 낮게 떨어지게 마련이다. 집 안에서는 모든 것이 엉망진창이다. 그 상태를 지배하는 질서가 있다 하더라도, 그런 누추하고 사사로운 일 속에서 그것을 알아차리려면 예민하게 살아 숨 쉬는 판단력이 필요하다. 한마디 덧붙이자면, 질서는 맥없고 한심한 것이다. 싸움에서 돌파구를 만들고, 사절단을 안내하고, 백성을 다스리는 것 등은 눈부신 행동이다. 꾸짖거나, 웃거나, 물건을 사고팔거나, 사랑하거나, 미워하면서 주변 사람들 또는 자기 자신과 평온하고 올바른 관계를 유지하는 것, 되는대로 처신하지 않고 자가당착에 빠지지 않는 것 등은 눈에 잘 띄지는 않지만 귀하고 어려운 일들이다.

사람들이 뭐라고 말하건 '은퇴자'의 삶은 다른 삶과 비슷하거나 그보다 더 힘들고 방대한 의무들에 대처해야 한다. 아리스토텔레스는 사적인 개인은 중요한 관직에 있는 사람들보다 훨씬 더 힘들게 미덕을 섬긴다고 말했다. 우리는 의무감보다는 명예욕 때문에 중요한 일을 맡는다. 영광에 도달하는 가장 가까운 길은 영광을 위해 일하지 않고 의무감으로 하는 일을 통해서일 것이다. 나는 알렉산드로스 대왕이 자신의 활동 무대에서 보여준 미덕이 소크라테스가 평범하고 하찮은 방식으로 보여준 미덕보다 대단하지 않다고 생각한다. 알렉산드로스의 자리에 소크라테스를 놓는 것은 쉽지만, 소크라테스의 자리에 알렉산드로스를 놓을 수는 없다고 생각한다. 알렉산드로스에게 당신은 무엇을 할 줄 아느냐고 물어보면, 그는 '세상을 정복하는 것'이라고 대답할 것이다. 소크라테스에게 같은 질문을 하면, 그는 '타고난 조건에 맞게 인생을 사는 것'이라고 대답할 것이다. 후자 쪽이 훨씬 보편적이며, 무겁고 정당한 과업이다.

영혼의 가치란 높이 올라가는 데 있지 않고, 정연하게 살아가는 데 있다. 영혼의 훌륭함은 위대함 속에서가 아니라 평범함 속에서 발휘된다. 우리를 심층적으로 판단하고 평가하는 자들은 우리의 공적 행동이 지닌 눈부신 측면을 별로 중요시하지 않고, 진흙투성이의 둔중한 잔존물에서 뿜어져 나온 자잘한 물줄기 같은 것으로 생각한다. 마찬가지로 우리를 아름다운 겉모습으로 판단하는 자들은 우리의 내면 구조도 그와 같을 것이라 결론지으며, 월등해서 그들을 놀라게 한 우리의 겉모습 속에 그들과 다름없는 평범한 능력이 있다는 것을 짐작하지 못한다. 그래서 우리가 악마에게 기이한 겉모습을 부여하는 것이다. 티무르 대제[13]를 생각할 때, 치켜 올라간 눈썹과 크게 벌어진 콧구멍, 험상궂은 얼굴, 명성만 듣고 만들어낸 이미지와 마찬가지로 지나치게 큰 키 등을 떠올리지 않을 사람이 있을까? 예전에 누군가가 나에게 에라스무스를 소개해주었다면, 그가 자신을 접대한 여주인이나 하인에게 한 모든 말을 격언이나 잠언으로 여기지 않을 도리가 없었을 것이다. 우리는 수공업자가 의자형 변기나 자기 마누라 위에 올라가 있는 모습은 쉽게 상상하지만, 존경받을 만한 태도나 능력을 지닌 대법관이 그러는 것은 쉽게 상상하지 못한다. 높은 권좌를 차지하고 있는 그런 사람들은 꾸밈없고 검소한 생활로까지

---

[13] 티무르 왕조의 초대 황제. 인도에서 러시아를 거쳐 지중해까지 정복하는 과정에서 벌인 야만적 행위와 그가 세운 왕조의 문화적 업적으로 널리 알려져 있다.

내려오지 않을 성싶은 것이다.

　악덕한 자도 외부의 어떤 충동으로 인해 종종 착한 일을 하는 수가 있듯이, 덕이 높은 사람 역시 악을 행할 때가 있다. 그러므로 사람들을 판단하려면 그들이 '자신의 집'에 있을 때, 즉 정상적인 상태에 있을 때, 또는 휴식과 유사한 상태에 있을 때, 본디부터 지녔던 상태에 있을 때 판단해야 한다. 타고난 성향은 교육의 도움을 받아 이롭게 작용하거나 강화된다. 그러나 사람의 마음은 결코 바뀌거나 극복되지 않는다. 우리 시대의 많은 사람들이 잘못된 교육에 의해 미덕이나 악덕으로 달려가고 있다.

　야수들은 숲을 잊어버리고 갇혀 있는 생활에 젖어
　위협적인 시선을 잃어버렸다.
　그들은 인간을 견뎌내는 방법을 배웠다.
　그러나 만약 한 방울의 붉은 피가
　그들의 입에 닿는다면,
　그들의 분노와 사나움이 되살아나고
　목구멍은 피의 맛에 벌렁거릴 것이다.

그들의 광분 속에서 겁에 질린 주인은

겨우 목숨을 부지한다.

루카누스

우리는 타고난 성질을 도려내지 못한다. 그것을 덮거나 감출 뿐이다. 나에게 라틴어는 타고난 말과 같다. 나는 라틴어를 프랑스어보다 더 잘 알고 있지만, 벌써 사십 년 동안 말할 때도 글을 쓸 때도 사용하지 않았다. 그래도 살아오면서 두서너 번 매우 극렬하고 급작스러운 감정에 사로잡혔을 때(그중 한 번은 건강하던 아버지가 갑자기 기절해 내 품에 쓰러지셨을 때였다) 내 뱃속에서 맨 먼저 튀어나온 말은 언제나 라틴어였다. 본성은 오랜 습관을 밀어내고 억지로라도 튀어나와 자신을 표현한다. 이런 예는 다른 사람들에게도 많이 있다.

우리 시대에 새로운 사상을 가지고 사람들의 풍습을 고쳐보려고 시도한 자들은 피상적인 악덕들은 개혁했지만, 내면 깊숙한 악덕들은 증대시키지 않는 선에서 그대로 내버려두었다. 그들의 논거는 사실 걱정스럽다. 우리는 힘을 덜 들이고 큰 명성을 얻는 경박한 개혁 사상 때문에 다른 좋은 일들을 하려는 노력은 하지 않은 채 쉬고 있다. 그렇게 해서 우리의 내적이고 동질적이고 자연적인 악덕들을 값싸게 만족시킨다. 이런 일들이 우리의 경험에 어떤 영향을 미치는지 살펴보라. 자신에게 귀를 기울이면, 누구나 자신 속에 존재하는 고유하고 지배적인 어떤 형상이 교육에 맞서서, 자신과 상반되는 온갖 격정의 태풍에 맞서서 싸우고 있는 모습을 발견하게 될 것이다. 내 경우에, 충격이나 혼란으로 마음이 흔들리는 일은 거의 없다. 몸이 무겁고 둔한 사람들이 그렇듯, 나는 거의 늘 내 자리에 있다. 정상적인 상태가 아닐 때에도 늘 내 자리에서 가까이에 있다. 탈선한다 해도 그리 멀리 벗어나지는 않는다. 극단적이거나 기괴한 것은 아무것도 없다. 늘 건전하고 활기차게 생각을 바꾼다.

우리 동시대인들이 일반적인 삶의 방식과 관련해서 가장 비난받아야 할 점은 은퇴를 했을 때에도 그들의 삶이 부패와 불결로 가득 차 있다는 점이다. 잘못된 것을 고쳐서 더 좋게 만들겠다는 생각이 희박하고,

고해성사는 그들이 지은 죄처럼 불충분하고 비난받을 만하다. 어떤 자들은 타고난 인연이나 오랜 습관으로 인해 악덕에 매여 있어서 그 추함을 알아채지도 못한다. 다른 자들(내가 여기에 속한다)에게는 악덕이 짐스럽게 여겨지지만, 쾌락이나 다른 것으로 그것을 상쇄할 수도 있다. 그들은 악덕을 감내하고, 때로는 얼마간의 희생을 치르면서 어쨌든 비굴하게 그리고 그릇되게 악덕에 동참한다. 우리는 유용성을 받아들이듯, 쾌락이 죄악에 대한 정당한 변명이 되는 극단적인 상황을 생각해볼 수 있을 것이다. 예컨대 죄악이 우발적이거나 죄악을 저지를 의도가 없는 경우(좀도둑질의 경우처럼) 또는 죄악이 행위 속에 존재하는 경우(유혹이 너무나 강력해서 저항할 수 없는, 여성과의 육체적 관계처럼)를 생각해볼 수 있을 것이다.

언젠가 아르마냐크에 갔을 때, 그곳에 있는 친척 한 분의 영지에서 모든 사람이 '좀도둑'이라고 부르는 한 농부를 만났다. 그는 자기가 살아온 내력을 다음과 같이 이야기했다. 그는 거지로 태어났고, 자기 손으로 일해 생활비를 벌어서는 궁핍을 면할 도리가 없었기에 도둑질을 하기로 결심했다. 그는 젊은 시절 내내 강한 체력을 바탕으로 그 일을 거리낌 없이 해왔다. 남의 땅에서 곡식이나 포도를 걷어왔는데, 무척 멀리 가서 많은 양을 가져왔기 때문에, 한 명이 하룻밤에 그만한 양을 어깨에 짊어지고 갔으리라고는 누구도 생각하지 못했다. 더구나 넓은 면적을 대상으로 골고루 도둑질하려고 주의를 기울였기 때문에, 각각의 개인에게는 그리 심한 타격이 되지 않았다. 그렇게 한 까닭에 늙어서도 자신과 같은 처지인 사람들 중에서는 부유한 편이며, 스스로 그 사실을 공공연하게 인정했다. 그는 자신이 이렇게 모은 재산 전부를 두고 하느님과 화해하기 위해서, 이제부터는 자신이 도둑질한 사람들의 후손에게 날마다 좋은 일을 해서 벌충할 작정이라고 말했다. 그리고 만약 자신이 생전에 그 일을 다 완수하지 못하면(왜냐하면 모든 사람을 동시에 만족시킬 수는 없기 때문이다) 각각의 사람들에게 끼친 손해를 자기만이 알고 있는 방식으로 산정해 자기 후손에게 책임을 지울 생각이라고 했다. 그의 이야기가 진실이건 거짓이건, 그 '좀도둑'은 도둑질이 못된 일이라는 것을 인정하고 그것을 혐오하고 있지만 빈곤보다 더 나쁘게 여기지는 않는다는 것을 알 수 있다. 그는 자신의 행위를 자발적으로 후회했다. 그러나 다른 한편으로 그가 과거에 저지른 잘못이 그렇게 상쇄되고 벌충되었으니, 그는 자신의 행위를 후회하지 않는 셈이다. 이런 태도는 악덕과 하나 되어 악덕을 당연한 것으로 간주하는 태도와는 다르며, 충격 또는 혼란으로 우리의 영혼을 눈멀게 하거나 우리의 판단력 혹은 그 밖의 모든 것이 순식간에 악덕의 지배에 사로잡히게 하는 맹렬한 폭풍도 아니다.

평소에 나는 내가 하는 모든 일들을 철저하게 한다. 또한 나눠서 하지 않고 한 번에 한다. 나는 내 이성에게 숨기거나 이성의 눈을 피해야 할 행위라고는 거의 한 적이 없고, 내면에서 대립이나 불화가 일어난 적도 없으며, 내 온몸의 동의를 받지 않고 무슨 일을 한 적도 없다. 과오나 칭찬 역시 온전히 내 몫이다. 내 판단력은 일단 한번 과오를 느끼면 계속해서 느낀다. 왜냐하면 태어났을 때부터 내 판단력은 늘 한결같았고, 똑같은 경향을 보였고, 똑같은 길을 걸었으며, 똑같은 힘을 지니고 있기 때문이다. 나는 어렸을 때 정립한 개념을 지금도 계속 간직하고 있다.

죄악 중에는 강력하면서 즉각적이고 갑작스러운 것들이 있다. 그런 것들은 따로 제쳐두자. 그러나 여러 번 되풀이되고 계획되고 숙고된 다른 종류의 죄악 또는 거의 체질화된 죄악, 다시 말해 직업이나 활동과 관련된 죄악이 동일인의 마음속에 그토록 오랫동안 눌러앉아 있다는 것을 나는 이해할 수가 없다. 그런 죄악을 저지르고 있는 자의 이성과 양심이 그 죄악을 계속 원하고 받아들였기 때문에 가능한 일일 것이다. 그리고 나로서는 그런 사람이 어떤 특정한 순간[14]에 느꼈다며 자랑하듯 하는 후회를 이해하거나 상상하기 어렵다.

나는 "신탁을 받으려고 신들의 동상 가까이 다가갈 때, 사람들은 새로운 영혼을 얻는다."라고 한 피타고라스학파의 주장에 찬동하지 않는다. 그들이 말하는 영혼이 보통의 영혼과 다르고 지금까지 존재한 적

---

14 병자성사 직전에 하는 고해성사 또는 부활절 영성체 전의 고해성사.

이 없으며, 일시적으로 빌려온 것이 아니라면 말이다. 왜냐하면 우리의 영혼은 그런 종교 의식에 어울리는 깨끗하고 순수한 표정을 거의 신들에게 보여주지 않기 때문이다.

후회하고 있노라고 자랑스레 떠벌리는 자들은 스토아학파의 가르침과 정반대에 있다. 스토아학파는 우리가 마음속으로 인정하는 불완전함과 악덕을 바로잡으라고 명령하면서도 영혼의 평온을 해쳐서는 안 된다고 가르치기 때문이다. 후회를 느꼈다고 자랑하는 자들은 우리에게 그들이 마음속으로 심한 후회와 양심의 가책을 느꼈다고 믿게 하려 한다. 그러나 그들은 잘못이나 허물을 고쳤거나 개선했거나 중단했다는 증거를 조금도 보여주지 않는다. 악에서 벗어나지 않으면 악을 치료하기 어렵다. 후회와 죄악이 저울판 위에 놓여 있다면, 후회 쪽이 죄악보다 더 많이 기울어져 있을 것이다. 행동과 생활이 신앙심과 일치하지 않을 경우 신앙심보다 위장하기 쉬운 것은 없다고 생각한다. 신앙심의 본질은 이해하기 어렵고 헤아릴 수가 없다. 그러나 그 겉모습은 속이기 쉽고 화려하다.

나로 말하자면, 나는 현재의 나와 다른 나를 염원할 수 있다. 나는 평소의 내 존재 방식을 싫어해서, 나를 완전히 개조하고 타고난 결점을 용서받기를 신에게 하소연할 수 있다. 그러나 나는 그것을 '후회'라고 부르지 못한다. 나 자신이 천사나 카토[15]가 아닌 것에 대한 실망을 후회라고 할 수 없는 것과 마찬가지다. 내 행동은 나라는 인물과 내 처지에 맞춰서 조절되어 있다. 나는 더 잘할 수는 없다. 그리고 후회는 우리가 자기 힘으로 할 수 없는 일과는 상관이 없다. 그것은 차라리 아쉬움이라고 해야 할 것이다. 나는 내 본성보다 훨씬 더 고매하고 절도 있는 본성들을 상상해본다. 그렇지만 나 자신의 능력을 더 향상시키지는 못한다. 다른 사람의 팔이나 정신이 힘찬 것을 상상한다고 해서 내 팔이나 정신이 더 힘차게 되지는 않는 것과 마찬가지다. 만일 자신보다 더 고상한 행동 방식을 생각하고 바라는 것이 후회를 불러일으킨다면, 가장 순진한 행동에 대해서도 후회해야 했을 것이다. 우리보다

---

15 대 카토를 말한다.

더 탁월한 본성을 가진 사람은 더 완벽하고 품위 있게 행동했을 것이라 생각하면서 동시에 그러기를 바라고 싶어질 것이기 때문이다. 젊었을 때 내가 한 행동과 늙어서 내가 하는 행동을 비교해보면, 한결같이 내 방식대로 해왔음을 알 수 있다. 그리고 그것이 내가 할 수 있는 전부였다. 자랑하는 것이 아니다. 유사한 상황에 처하면 나는 늘 똑같이 행동할 것이다. 나를 물들이는 것은 얼룩이 아니라 염색이다. 나는 피상적이거나 어중간하거나 형식적으로 하는 후회를 모른다. 내가 후회라고 말할 때는 후회가 내 온몸에 배어야 한다. 그리고 신이 나를 보시듯, 내 오장육부를 마구 찢고, 깊고 완전하게 고통을 주어야 할 것이다.

나의 경우를 예로 들자면, 어떻게 처신해야 할지 몰랐던 탓에 좋은 기회를 여러 번 놓쳤다. 그렇지만 출두하는 사람에 따라 나의 선택은 정확했다.[16] 내 선택의 원칙은 항상 가장 쉽고 확실한 해결책을 찾아야 한다

---

16 몽테뉴는 21세 또는 22세(1554년 또는 1555년)의 나이에 법관이 되었다. 몽테뉴 성에서 동북쪽으로 60킬로미터 떨어진 페리괴시 조세 법원의 법관이었다. 그 후 보르도 고등법원으로 옮겨 37세(1570년)까지 일했다.

는 것이다. 돌이켜보면 나는 일할 때, 내게 주어진 일의 상태를 고려하면서 내 규칙에 따라 현명하게 처리했다. 천 년 후에라도 같은 상황에서 나는 똑같이 처리할 것이다. 여기서 나는 그 일의 현재 상태가 아니라, 내가 그것을 검토했을 당시의 상태를 말하는 것이다.

모든 계획의 가치는 시간 속에 존재한다. 기회와 상황은 끊임없이 돌고 돌면서 변한다. 나는 지금까지 살아오면서 판단을 잘못해서가 아니라 운이 없어서 저지른 중대한 잘못의 결과를 감수해야 했다. 사람이 다루는 일에는 비밀스럽고 예측할 수 없는 요소들이 있으며, 특히 인간의 본성 속에는 표현할 수 없고 드러나지 않으며 때로는 당사자도 모르는 여러 조건이 있다. 그리고 그것은 돌발적인 사건들에 의해 모습을 드러내고 뚜렷해진다. 나는 나의 예지로 그것을 간파하고 예측하지 못했다고 해서 결코 불평하지 않는다. 책임은 능력의 한계 안에 있다. 사건이 내 생각과 다르고 내가 거부한 것의 편을 든다고 해도 어쩔 도리가 없다. 나는 나를 원망하지 않는다. 내 불운을 비난할 뿐이다. 그것을 후회라고 부르지는 않는다.

포키온[17]이 아테네 사람들에게 어떤 의견을 내놓았는데 아무도 듣지 않았다. 그런데 그의 의견과 달리 일은 성공적으로 진행되었다. 어떤 사람이 그에게, "어떼, 포키온, 일이 이렇게 잘되어가는데 자네는 만족하는가?" 하고 묻자, 그는 대답했다. "일이 이렇게 된 것에 대해 나는 만족하네. 그러나 나는 전에 내가 한 충고를 후회하지는 않네." 친구들이 나에게 충고해달라고 하면, 나는 대부분의 사람들이 하는 식으로 일이 어떻게 될지 모르며 내 예측과는 다르게 흘러갈 수 있고, 그들이 내 충고를 책망할지도 모른다는 등의 이야기를 하지 않는다. 나는 그냥 자유롭고 솔직하게 충고한다. 나는 그 점에 대해 걱정하지 않는다. 그들이 일을 잘못할 수도 있으니, 내가 그들에게 기꺼이 그런 봉사를 해야 한다고 생각한다.

나는 내 잘못이나 불운에 대해 남보다는 나를 원망한다. 왜냐하면 내가 어떤 사실의 진상을 구체적으

---

17 고대 그리스 아테네의 정치가, 장군. 기원전 322년에서 318년까지 아테네의 실질적인 통치자였다. 아테네를 완강히 지켰으나 마케도니아 제국과 화해하라고 아테네 사람들을 설득하기도 했다.

로 알 필요가 있을 때 혹은 순전히 예의상 그러는 게 아니라면, 남의 의견을 구하고 일하는 법이 거의 없기 때문이다. 온전히 나만의 판단력이 필요한 경우, 다른 사람의 논거는 내 관점을 뒷받침하는 데 도움이 되긴 하지만 내 의견을 돌리는 데 결정적인 역할을 하지는 않는다. 나는 남들의 논거를 공손하고 호의적인 태도로 모두 들어준다. 그러나 돌이켜보건대 나는 여태껏 나의 논거만을 신뢰했다. 내 생각에 그것들은 파리나 먼지만큼도 내 의지에 영향을 주지 않았다. 나는 내 의견을 그렇게 존중하지 않는다. 마찬가지로 남의 의견도 별로 존중하지 않는다. 내가 남들의 조언을 듣지 않거나 남들에게 조언하지 않을 때 행운은 더 유리하게 작용했다. 사람들은 내 조언을 별로 구하지 않으며, 내가 하는 조언을 믿는 사람은 더더욱 드물다. 공적 사업이나 사적 사업이 내 의견에 따라 정상적으로 회복되거나 복원된 적은 없다. 어찌 보면 내 의견에 귀 기울이며 살 수밖에 없는 운명을 타고난 사람들마저도 내가 아닌 다른 사람들의 머리를 빌려서 살아가려고 했다. 내 영향력의 권리만큼 휴식의 권리를 소중히 여겨 온 나로서는 그렇게 하는 편이 좋다. 나를 옆으로 제쳐두면, 사람들은 내가 원하는 바를 따른다. 그리고 그것은 나를 완전히 내 안에 자리 잡고 머무르게 하는 것이다. 나는 더 이상 남의 일에 참견하지 않고 남의 일을 변호하지 않아서 좋다.

일단 일이 끝난 다음에는 결과가 어찌 되든 간에 나는 후회하는 일이 거의 없다. 나는 일이 그렇게 흘러갔어야만 한다고 생각하면서 어떤 번민도 하지 않는다. 즉 일은 세계의 큰 흐름 속에 있으며, 스토아학파가 말하는 인과 관계의 연쇄[18] 속에 있는 것이다. 그대의 사유는, 의지로 밀어붙이거나 상상력을 동원한다 해도, 과거나 미래를 통틀어 사물의 질서가 완전히 뒤집히지 않고는 그 질서 속의 작은 요소 하나도 변화시킬 수 없다.

요컨대 나는 나이가 들면서 하는 그런 후회를 혐오한다. 나는 선현들[19]이 말한 것처럼 나이가 드니까 육

---

18 스토아학파는 자연과 세계는 하나의 통일된 전체이며, 모든 사건은 분명한 인과 관계로 이어져 있다고 본다. 또한 인간은 전체의 일부분이기 때문에 자연, 또는 전체 질서에 일치하는 삶을 살아야 한다고 강조한다.

체적 쾌락에 끌릴 일이 없어서 좋다고 말하는 사람들과 사고방식이 다르다. 나이 때문에 즐거운 일을 누리지 못하는 것을 나는 결코 고맙게 여기지 않는다. "신은 자신의 피조물이 그들의 약점까지도 최선의 산물 가운데 하나라고 여기게 할 만큼 적대적이지 않다."(퀸틸리아누스) 인간의 정욕은 늙으면 약해진다. 우리는 사랑의 행위를 한 뒤에 깊은 포만감을 느낀다. 여기에서 양심 같은 것을 나는 보지 못했다. 반면에 정욕으로 인한 괴로움과 무력감은 카타르성 염증[20]에 걸린 비굴한 덕성만을 우리에게 남겨줄 뿐이다. 나는 그런 이유 때문에 우리가 판단력이 흐려질 정도로 자연적 변화[21]에 완전히 끌려가서는 안 된다고 생각한다. 쾌락을 추구하던 젊은 시절에도 나는 육체적 쾌락 속에 존재하는 악덕의 얼굴을 분간하지 못한 적은 없다. 이

---

19 소포클레스의 《콜로노스의 오이디푸스》와 키케로의 《노년에 관하여》에 비슷한 메시지가 담겨 있다. 가령, "오히려 나는 노년에 관해 불평하지 않는 노인들을 많이 알고 있는데, 그들은 오히려 쾌락의 사슬에서 풀려나게 된 것을 기뻐했고 주위 사람들한테 멸시를 받지도 않는다네." 키케로, 《노년에 관하여》, 천병희 옮김, 숲, 2005, 22쪽.

20 조직은 파괴되지 않고 점막이 헐면서 부어오르는 염증.

21 나이 듦.

미 나는 그때의 내가 아니지만, 그때와 똑같이 판단한다. 지금 나는 조심스럽게 그리고 맹렬하게 관능을 흔들고 있으며, 나의 이성이 내가 가장 자유분방했던 시절과 같은 상태라고 생각한다. 나이가 들어가면서 이성이 약간 약해진 것을 제외하면 말이다. 신체 건강에 해로울까 염려해 이성이 나를 쾌락 속에 집어넣기를 거부하면서, 옛날에 내 정신 건강을 위해서 했던 것과 같은 방식으로 작용하고 있는 것이다. 그러나 나는 이성이 전투에서 벗어났다고 해서 더 가치 있어졌다고 생각하지는 않는다. 현재 내가 받는 유혹은 너무도 꺾이고 모욕을 당하고 있어서 이성으로 대항할 거리조차 못 된다. 오히려 내 쪽에서 손을 내밀어 유혹을 간청할 뿐이다. 누가 예전의 내 육욕을 내 이성 앞에 다시 갖다놓는다면, 내 이성이 예전에 발휘했던 자제력을 제대로 발휘하지 못하지나 않을까 두렵다. 나는 내 이성이 예전에 판단하던 방식에서 벗어나 뭔가를 다르게 판단하는 것을 보지 못했으며, 새롭게 광명을 찾은 것을 본 적도 없다. 그 덕분에 이성이 건강을 회복했다고 하면 그것은 어쨌든 어느 정도 위태로운 건강이라고 할 수 있다.

병 덕분에 건강을 얻다니 민망한 치료법이다! 육체적, 정신적 불편함이 우리로 하여금 이런 역할을 수행하게 하는 것은 아니다. 우리의 분별 능력이 하는 일이다. 사람들이 나에게 고통이나 불행을 안겨주어도 나는 그저 그것을 저주할 뿐이다. 고통이나 불행은 맞아야 정신을 차리는 자들에게나 관계되는 일이다. 내 이성은 번영의 시기에 더 자유롭게 움직인다. 이성은 쾌락보다 고통을 소화하느라 더 분주하다. 날씨가 좋은 날에는 무엇이든 더 잘 보이는 법이다. 나에게는 건강이 질병보다 더 유쾌하고 유용한 경고장이다. 나는 건강을 즐길 힘이 있을 때 할 수 있는 한 많이 나를 개선하고 조절했다. 건강하고 경쾌하고 원기 왕성했던 시절보다 노년의 불운과 불행이 더 좋다고 생각해야 한다면, 또한 현재의 상태가 아니라 더 이상 존재하는 않는 과거의 상태로 사람들이 나를 판단해야 한다면, 나는 오히려 수치와 실망을 느낄 것이다. 안티스테네스[22]와는 반대로 내 생각에는, 인간의 지복至福은 행복하게 죽는 것이 아니라 행복하게 사는 것이다. 나는 임종을 앞둔 인간의 머리와 몸에 온갖 수단을 써서 철학자의 꼬리를 묶으려고 하지 않았다. 또한 그 꼬리가 내 인생의 가장 아름답고 충만하고 긴 시절을 부정하고 부인해야 한다고 생각해본 일도 없다. 나는 똑같은 햇빛 아래에서 사방에 나를 보이고 드러내고 싶다. 삶을 다시금 살게 된다면 나는 지금껏 살아온 대로 살고 싶다. 나는 과거를 한탄하지 않고 미래를 두려워하지도 않는다. 그리고 내 생각이 틀리지 않다면 내 삶은 내적으로도 외적으로도 일관성이 있었다. 내가 내 운명에 대해 감사하는 것 가운데 하나는 내 몸 상태가 그때그때의 시기적 상황과 제대로 들어맞았다는 점이다. 나는 매번 새로운 풀과 꽃과 열매를 보았다. 그리고 이제는 그것들의 바싹 마른 모습을 보고 있다. 얼마나 행복한가. 왜냐하면 바로 그것이 자연이기 때문이다. 지금 내가 병에 걸리기는 했지만, 병이 응당 와야 할 때 와서 과거에 누렸던 긴 행복을 상기시켜주는

---

22 고대 그리스 아테네의 철학자. 소크라테스의 제자였으며, 흔히 시노페의 디오게네스로 대표되는 키니코스학파(견유학파)의 창시자로 여겨진다.

만큼, 더욱더 수월하게 병을 견디고 있다.

　마찬가지로 나의 지혜도 그때나 지금이나 같은 높이에 있다고 할 수 있다. 그러나 지혜가 꺾이고 불평이 끊이지 않고 힘겨워진 지금보다 옛날에 더 훌륭하고 우아하고 힘차고 밝고 자연스러운 행동을 했다. 그래서 지금 나는 임시적이고 고통스러운 개혁 같은 것들을 단념한다.

　신은 우리의 마음에 감동을 주셔야 한다. 우리의 양심은 욕망의 약화에 의해서가 아니라 이성의 강화에 의해 개선되어야 한다. 눈곱이 끼어 게슴츠레해진 눈으로 본다고 해서 우리 안의 쾌락이 힘을 잃거나 무미건조해지는 것은 아니다. 신이 명령하셨으므로, 절제와 정결은 그 자체로 사랑을 받아야 한다. 나이가 들어서 찾아오는 사소한 신체적 불편이나 신장병 덕분에 우리가 절제나 정결을 얻는 것은 아니다. 관능의 우아함과 힘과 가장 매력적인 아름다움을 보지 못했거나 알지 못하는 사람은 관능을 경멸한다는 둥 관능에 맞서 싸웠다는 둥 자랑할 자격이 없다. 나는 젊음과 늙음을 다 안다. 그래서 말할 수 있다. 우리의 영혼은 젊었을 때보다 늙었을 때에 더 거북하고 난처한 질병이나 결함에 얽매이는 것 같다. 나는 젊은 시절에 이미 이런 이야기를 했다. 그때는 사람들이 나를 비웃었다. 턱에 수염도 나지 않은 주제에 그런 말을 한다고 말이다. 허옇게 센 머리칼 때문에 사람들의 신임을 얻고 있는 지금 이 순간에도 나는 같은 이야기를 한다. 우리는 성질이 까다롭고 현재의 사물에 대해 염증을 느끼는 것을 '지혜'라고 부른다. 그런데 사실 사람들은 되도록 악덕을 버리지 않으면서 악덕을 바꾸려고 한다. 내가 보기에는 그것이 최악의 방법인데 말이다. 어리석고 비생산적인 자존심과 진력나는 잔소리, 까다롭고 비사교적인 성미, 미신, 그리고 쓸모없는 부에 대한 꼴같잖은 취향 따위 말고도, 나는 노년에서 더 많은 시기심과 부당함과 심술궂음을 발견한다. 노년이 되면 얼굴보다 정신에 더 많은 주름살이 생긴다. 늙어가면서 시큼해지고 곰팡내 나지 않는 영혼이란 없으며, 있다 해도 매우 드물다. 인간은 그 전체로서 성장하고 쇠퇴해간다.

　소크라테스의 지혜와 그가 형을 선고받았을 때의

여러 정황을 살펴보면, 그가 뭔가 고의적으로 그리고 무언의 공모가 있는 상태에서 그런 사태를 자청하지 않았나 하는 생각마저 든다. 왜냐하면 그때 그는 나이가 일흔에 가까워서 활발했던 정신 능력도 둔해지고 사람들을 놀라게 했던 명석함도 마비되기 시작한 참이었을 테니 말이다.

노화가 내 수많은 친지에게 얼마나 큰 변화를 일으키는지 나는 매일같이 보고 있다! 노화란 우리 안에 천천히 자연스럽게 퍼지는 가공할 질병이다. 우리를 괴롭히는 노년의 결함에 대비하려면, 적어도 그 진행 속도를 줄이려면, 엄청난 주의와 지속적인 노력을 기울여야 한다. 아무리 방어 진지를 튼튼하게 구축해도 노화가 조금씩 나를 이겨가는 것을 나는 분명히 느낀다. 그저 힘닿는 데까지 버텨볼 뿐이다. 노화가 종내 나를 어디로 데려갈지 나는 알지 못한다. 어쨌든 내가 어느 지점에서 쓰러졌는지 사람들이 알아주기만 한다면 다행이다.

죽음을 모른다고
걱정하지 마라

» 제3권 12장 «
겉모습에 대하여

자크 루이 다비드, 〈소크라테스의 죽음〉(부분), 1787

우리가 어떤 대상에 대해 가지는 생각은 대부분 권위나 평판에서 비롯된다. 그것이 잘못됐다는 말은 아니다. 지금처럼 형편없는 시대에는 우리 자신을 척도로 삼는 것보다 더 나쁜 선택도 없으리라. 우리가 소크라테스의 논거에 찬동하는 이유는 그의 벗들이 우리에게 남겨준 평판에 누구나 너나없이 찬동한다는 점을 존중하기 때문이라 할 수 있다. 이는 우리의 지식에 비추어 그의 논거가 적절한지 따져본 것이 아니며, 사실 그것은 우리의 관례에도 맞지 않는다. 만일 지금 유사한 논거가 등장한다면, 그것을 높이 평가할 사람은 그리 많지 않을 것이다.

우리는 인위적인 기교로 예리해지고 과장되고 미화된 우아함에 대해서만 민감하게 반응한다. 우리의 부박한 시선으로는 자연스럽고 순박한 우아함을 포착하지 못한다. 그것에 깃들어 있는 섬세하고 은밀한 아름다움을 찾으려면 순수하고 맑은 시선이 필요하다. 그런데 우리 식으로 생각하면 자연스러움은 어리석음의 사촌뻘이요, 비난받아 마땅한 자질이 아니던가? 소크라테스는 자기 정신이 자연스럽고 예사로운 흐름을 따르게 한다. 농민들이나 여자들이 이야기하는 식으로 하는 것이다. 그는 마부, 목수, 구두 수선공, 석공의 입에서 나올 법한 말을 사용한다. 사람들의 일상적이고 평범한 행동에서 끌어낸 추론과 비유서 누구나 그것을 이해한다. 그것은 또한 허름한 형태를 취하고 있어 우리는 그가 가진 견해의 고귀함과 탁월함을 결코 구별해내지 못한다. 우리는 공적으로 인정받은 지식이 아닌 모든 것은 진부하고 저급하다고 생각하며, 그럴듯하게 꾸며지고 화려해 보여야 풍요롭다고 여긴다. 우리의 세상은 오직 겉치레로만 꾸며져 있다. 사람들은 바람으로만 속을 채우고, 공처럼 통통

소리를 내며 나다닌다. 소크라테스는 헛된 생각에 사로잡힌 것이 아니라 우리 삶에 실질적이고 직접적으로 도움이 될 규범들을 제공하려 한 것이다.

절도를 지키고, 한도를 넘지 말고, 자연을 따르라.
루카누스

그는 늘 변함없고 한결같았으며, 급작스레 도약한 것이 아니라 중용과 절제로 최고의 지점에 올랐다. 아니, 그보다는 아무 일도 꾸미지 않고 오히려 자신이 겪은 시련과 곤경을 원래의 자연스러운 수준으로 돌려놓으면서 그것들을 자기 자신에게 부과했다. 카토의 경우, 그의 자세나 태도는 평범한 사람들보다 훨씬 고양된 모습을 보여주며, 생애와 죽음의 고매한 행적에서는 위풍당당하게 말을 타고 다녔던 풍모가 엿보인다. 소크라테스의 경우는 지상에 발을 디딘 채 태연하고 일상적인 템포로 우리에게 가장 유용한 주제들을 다룬다. 그는 죽음 앞에서도, 인간이 빠질 수 있는 가장 혹독한 역경 속에서도 인간적인 방식으로 처신한다.

세상 사람들에게 가장 널리 알려질 만하고 좋은 본보기로 제시될 만한 인물이 우리가 가장 확실하게 알고 있는 인물이라는 점은 다행스럽다. 그를 지켜보고 소개한 사람들은 세상 누구보다도 통찰력이 있는 사람들이었다. 그에 관한 일을 증언한 사람들은 충실성과 능력에 있어서 가히 찬탄할 만하다.

꾸밈없고 맑은 어린아이의 생각에 구체성을 부여하고, 그것을 어그러뜨리거나 헝클어뜨리지 않고도 우리 영혼의 가장 아름다운 성과를 얻어냈다는 것은 대단한 일이다. 소크라테스는 우리의 영혼을 고상하거나 비옥한 것으로 묘사하지 않는다. 단지 건강한 것으로, 그것도 힘이 넘치고 생기가 왕성한 것으로 묘사한다. 이렇듯 그는 자연스럽고 평범한 방법들, 일상적이고 상식적인 생각들을 가지고, 흥분하거나 열광하지 않은 상태에서, 이 세상에서 가장 짜임새와 조리가 있을 뿐 아니라 가장 고귀하고 힘찬 신념과 행동과 품성을 확립했다. 천상에 쓸모없이 묻혀 있던 인간의 예지를 되찾아 인간에게 되돌려줌으로써 가장 정당하고 수고스러운 역할을 수행하게 한 것도 바로 소크라테스가 한 일이다. 재판관들 앞에서 그가 자신을 어떻게 변론하는지 들어보라. 전쟁이 닥쳐올지 모르는 상황에서 그가 어떻게 자신에게 용기를 불어넣는지, 모략과 탄압과 죽음 그리고 아내의 심통과 간섭에 맞서 어떤 논거로 참을성을 길렀는지 보라. 거기엔 학문과 기예에서 빌려온 것이 아무것도 없다. 가장 순진하고 어수룩한 사람들도 이러한 예지로부터 자신이 가진 수단과 능력을 발견할 수 있다. 그보다 더 뒤로 물러설 수는 없고 더 아래로 내려갈 수도 없다. 그는 인간의 본성이 스스로 얼마나 많은 일을 할 수 있는지 보여줌으로써 인간 본성에 특별한 혜택을 베풀었다.

우리는 누구나 자기가 생각하는 것보다 훨씬 부유하다. 그런데 세상은 늘 우리에게 남의 것을 빌려 쓰거나 욕심내라고 부추긴다. 우리 것보다 타인이 가지고 있는 것을 써보라고 권하는 것이다. 인간은 자기에게 필요한 것이 다 갖춰졌는데도 멈출 줄 모른다. 재산이든 권력이든 쾌락이든 자기가 품에 안을 수 있는 것 이상으로 차지하려고 한다. 인간의 탐욕은 스스로 절제할 능력이 없다. 지식에 대해서도 마찬가지인 듯하다. 인간은 지식의 대상이 확대되면 지식의 유용성도 함께 커진다고 여겨, 자기가 할 수 있는 것이나 필요로 하는 것보다 훨씬 더 많은 일을 하려 한다. "우리는 다른 모든 일에서와 마찬가지로 교양을 쌓는 것에도 무절제 때문에 고생한다."(세네카) 아그리콜라의 어머니가 자식의 지나친 지식욕을 억누른 일에 대해 타키투스가 칭송을 아끼지 않은 것은 옳다. 냉철한 눈으로 본다면, 지식도 인간의 다른 소유물과 마찬가지로 잔뜩 허영에 물들어 있고 고유의 약점을 지니고 있으며 비용도 많이 드는 소유물이다.

학문을 배워서 자기 것으로 삼는 것은 어떤 음식이나 음료를 사서 자기 것으로 취하는 것보다 훨씬 위험한 일이다. 물건들이야 우리가 사고 난 다음 그릇에 담아 집으로 가져와서 그 품질을 가늠해보고, 어느 정도 양을 몇 시에 먹고 마실지 정할 수 있다. 그러나 학문이란 애초에 우리 정신 말고는 다른 데 담아둘 수가 없다. 우리는 그것을 사들임과 동시에 삼켜버리며, 시장에서 나올 때에는 이미 우리 정신이 감염되거나 변화를 겪은 상태가 된다. 어떤 학문은 우리에게 영양분을 공급하기는커녕 오히려 불편하고 갑갑한 느낌을 주며, 우리의 병을 치료하는 듯 보이지만 우리에게 해를 입히기도 한다.

나는 어디에선가 사람들이 순결과 청빈과 고행을 맹세하듯이 신심과 정성으로 무지를 희구하는 것을 보고 마음이 흐뭇했다. 책 속으로 파고들게 하는 탐욕스러운 마음을 둔화시키고, 학식을 뽐냄으로써 탐락에 빠지게 하는 자기 만족감을 떼어놓는 것은 우리의 무절제한 욕망을 제거하는 일이기도 하다. 청빈을 희구하는 의식에 정신의 청빈을 보태는 것은 그 의식을 훌륭하게 완성하는 것이다. 편안하게 사는 데에는 학식이 거의 필요하지 않다. 소크라테스도 학식은 우리 자신 속에 있다고 가르치고, 어떤 방법으로 그 학식을 찾고 사용할 수 있는지를 우리에게 알려주었다. 자연을 넘어서는 우리의 학식은 거의 다 불필요하고 쓸데없는 것이라고 해도 좋다. 그것이 우리에게 도움이 되기는커녕, 짐이 되거나 혼란을 초래하지만 않는다면 다행이다. "건전한 정신을 도야하는 데 학식은 별로 필요치 않다."(세네카) 학식은 우리의 정신이 너무 뜨거

워져서 그 한계를 넘은 것이며, 혼란스럽고 불안정한 도구이다.

정신을 집중해 곰곰이 생각해보라. 그러면 당신은 죽음에 맞서 싸우게 하는 자연의 논거를, 필요한 때에 가장 적절하고 가장 도움이 되는 논거들을 자신 속에서 찾아낼 수 있을 것이다. 보잘것없는 농부가, 모든 민중이 철학자와 똑같이 의연하게 죽을 수 있는 까닭은 그 논거 덕분이다. 만약 내가 키케로의 《투스쿨룸 대화》를 아직 읽지 않았다면 죽기가 더 힘들었을 거라고 생각하는가? 나는 그렇게 생각하지 않는다. 죽음의 순간을 맞이하고 보니, 말재주는 늘었으나 용기는 조금도 늘지 않은 것을 알게 되었다. 용기는 자연이 만들어준 그대로였으며, 죽음과의 싸움을 앞두고 일반적이고 자연스러운 방식만을 준비하고 있을 뿐이었다. 책은 나에게 가르침이라기보다 훈련에 가까웠다. 이런 경우엔 뭐라고 말해야 하는가, 만약 학문이 자연의 해악에 맞서는 새로운 방책을 우리에게 제공하려다가 우리를 지켜줄 논거와 묘책보다는 우리의 상상 속에 이 해악의 중대함만을 각인시켜놓는다면? 바로 이런 것이야말로 학문이 우리를 쓸데없이 깨달아 알게 하는 묘책이다. 가장 치밀하고 가장 현명한 저자들도 하나의 좋은 논거 주위에 얼마나 경박한, 게다가 자세히 들여다보면 알맹이 없는 논거들을 뿌려놓고 있는가. 그것들은 우리를 속이는 억지스러운 말재간에 불과하다. 그러나 이런 것들도 때로는 쓸모가 있으므로, 미리 정리한답시고 쏟아내지는 않을 것이다. 내가 쓴 책에도 여기저기서 끌어왔거나 흉내 낸, 그와 비슷한 논거들이 많이 들어 있다. 그러므로 예민한 것을 활력 있다고 하거나, 주도면밀한 것을 견실하다고 이르거나, 보기 좋은 것을 선하다고 부르지 않도록 조심해야 할 것이다. "목구멍으로 넘기기보다 시험 삼아 살짝 맛만 보는 편이 더 좋은 것들"(키케로)이 있다. "지성이 아니라 영혼의 문제가 다뤄지는 경우"에는 매력적이라고 해서 모두 영양분이 되지는 않는다.

세네카는 죽음에 대비하여 그토록 많은 노력을 기울이고, 헝클어진 마음을 다잡기 위해 피나는 고생을 하고 외나무다리에서 오랫동안 발버둥 쳤지만, 막상 그가 죽을 때 평판에 어울리게 의연한 모습을 보이지 못했더라면, 나는 그의 평판을 뒤집어 생각해보았을 것이다. 그가 그렇게까지 자주 크게 동요했던 것은 그 자신이 격렬한 성격이었음을 보여준다. "위대한 영혼은 더 고요하고 침착한 태도로 자기를 표현한다. 정신이 하나의 색깔을 갖고 있고 영혼이 또 다른 색깔을 갖고 있는 것은 아니다."(세네카) 세네카의 행동은 그 자신이 한 말로 고쳐줘야 할 것이다. 어떻게 보면 그는 죽음이라는 적수의 공격으로 인해 수세에 몰려 있었던 것 같기도 하다. 플루타르코스의 방식은 더 건방지고 느긋한 것이어서, 내가 보기엔 더 의연하고 설득력이 있다. 내 생각엔 그의 영혼이 더 단호하고 합리적으로 움직이는 것 같다. 세네카는 더 발랄해서 우리를 자극하고 정신이 번쩍 들게 하며, 우리의 정신에 더 감명을 준다. 플루타르코스는 더 차분해서 우리에게 교훈을 주고 우리를 계속해서 단단하고 공고하게 하며, 우리의 지성에 더 감명을 준다. 전자는 우리의 판단력을 흥분에 사로잡히게 하고, 후자는 우리의 판단력을 사로잡는다.

나는 이와 비슷한 방식으로 쓴 또 다른 글을 읽었

다. 그것은 사람들이 훨씬 더 공손히 받들어 모시는 글로서 육체의 유혹에 맞서 싸우는 과정을 묘사하는데, 그 유혹을 얼마나 자극적이고 강력하고 저항할 수 없는 것으로 묘사하는지, 우리같이 보잘것없는 사람들로서는 그들이 당한 유혹은 물론 그에 맞서 싸운 그들의 노력이 믿을 수 없을 만큼 기이하고 격렬했다는 사실에 감탄을 금치 못했다. 그런데 우리는 도대체 무엇 때문에 이렇게 줄곧 학문으로 스스로를 훈련하려 하는가? 아리스토텔레스도 카토도 모르고 본받을 만한 대상도 규범도 모른 채 대지 위에 흩어져 고개를 숙이고 열심히 일하는 가엾은 민중을 보라. 자연은 우리가 학교에서 그토록 관심을 갖고 배우는 것보다 훨씬 순수하고 훨씬 강한 인내심과 꿋꿋함의 실례를 그들에게서 날마다 끌어내고 있다. 그들 중에 가난을 대수롭지 않게 생각하는 자가 얼마나 많은지 우리는 수없이 보지 않았는가? 죽음을 바라거나 불안해하거나 낙담하지 않고 죽음을 정면으로 돌파하는 자가 얼마나 많은가? 지금 내 정원을 일구고 있는 저 남자는 오늘 아침에 아버지인지 아들인지를 땅에 묻고 왔다. 그들은 병에도 그 가혹함을 누그러뜨리는 이름을 붙여준다. 그들에게 폐결핵은 기침이고, 이질은 설사고, 늑막염은 감기다. 그리고 이렇게 순한 이름으로 부르는 만큼 병 자체도 수월하게 견디고 있다. 그들이 평소 하던 일을 중단하는 때는 병세가 상당히 위태롭고 중할 때이다. 그들이 병석에 눕는 것은 오로지 죽기 위해서다. "단순하고 누구나 쉽게 얻을 수 있는 미덕이 모호하고 미묘한 학문으로 바뀌었다."(세네카)

이 글을 쓰고 있을 때 맹렬한 전투가 몇 달 동안 우리 집 주변에서 벌어져 큰 중압감이 나를 짓눌렀다. 한편으로는 적들[1]이 내 집 앞에 있고, 또 한편으로는 적보다 훨씬 패악한 불한당들이 몰려오는 바람에 나는 "무기가 아니라 악덕을 손에 들고 싸움을 벌이는"(리비우스) 온갖 종류의 군사적 행패를 동시에 겪어야 했다.

오른쪽에서도 왼쪽에서도 무시무시한 적들이

---

[1] 종교 전쟁 당시의 프로테스탄트, 즉 신교도를 말한다.

나타나고

급박한 위험이 양쪽에서 닥쳐오네.

오비디우스

극악무도한 전쟁이다. 다른 전쟁들은 외부의 적에 맞서 행해지는데, 이 전쟁은 자체의 독으로 자체를 썩어서 문드러지게 하며 자체를 파괴해 들어간다. 이 전쟁은 그 본질이 너무나 악독하고 파괴적이어서, 다른 모든 것과 함께 자신도 갈라놓으며, 격분에 휩싸여 스스로를 갈기갈기 찢어대고 있다. 우리는 이런 종류의 전쟁이 생필품 부족이나 적의 무력에 의해서보다 자체의 문제로 끝나는 것을 자주 보아왔다. 여기서는 규율도 자취를 감추어버렸다. 반란을 진압하려고 출동한 규율이 오히려 반란 자체가 되고, 불복종을 벌하려고 나선 규율이 오히려 불복종의 본보기 노릇을 하고 있다. 법을 옹호해야 할 규율이 오히려 법에 대항해서 반란에 가담하고 있다. 이게 도대체 어찌 된 일인가? 우리의 의술이 전염병을 실어 나르고 있으니,

사람들이 도움을 건넬 때
우리의 병은 더 악화된다.

작자 미상

치료 약 때문에 병은 더 커지고 심해진다.

베르길리우스

우리의 간악무쌍한 죄악이 미덕과 악덕을 뒤섞으니
신들의 정의가 우리를 떠나는구나.

카툴루스

민중들 사이에 퍼지고 있는 이런 전염병 초기에는 건강한 자와 병든 자를 분간할 수 있다. 그러나 우리의 경우처럼 그것이 오래 지속되면 머리끝부터 발끝까지 병이 퍼져서 어느 부위도 부패를 면할 수 없게 된다. 제멋대로 행동하는 것만큼 전염성이 강한 공기는 없다. 사람들은 걸신들린 듯 그 공기를 들이마시기 때문에, 그 공기는 순식간에 퍼지고 흡수된다. 우리 군대는 이제 외부에서 들여온 건장한 용병이 없으면 유지되거나 결속을 다지기도 어렵다. 프랑스인만으로는 강력하고 규율 있는 군대를 만들 수 없게 되었다. 이보다 더한 수치가 어디 있는가! 용병들이 보여주는 것 말고는 규율이라곤 찾아볼 수가 없으니 말이다. 각자가 우두머리의 지휘를 받는 것이 아니라 모두 자기 이익에 따라 행동하며, 우두머리는 외부의 적보다 자기 군대를 상대하느라 더 애로가 많다. 쫓아다니고 비위 맞추고 굽실대는 것이 지휘관의 일이 되었고, 복종하는 것도 그 혼자만의 문제가 되었다. 나머지 사람들은 제멋대로에다 기강도 해이해져 있다. 그들의 야심에 얼마나 많은 비열함과 소심함이 들어 있는지, 얼마나 비굴하고 예속적이어야 자기들의 목표에 도달하게 되는지 보고 싶은 마음이 굴뚝같이 치솟기도 한다. 마음이 온후하고 정의를 지킬 수 있는 사람들이 이 혼란을 조종하고 통제하는 동안 날마다 타락해가는 꼴을 보는 것은 괴롭다. 오래 용인하다 보면 그것이 버릇이 되고, 버릇은 동의와 모방을 낳는다. 이 땅에 고약한 심성을 지닌 사람들이 많을지언정 그들이 착하고 후덕한 사람들을 망가뜨리지는 않았다. 이대로 나아가다가는 운이 돌아와 이 나라가 건강을 되찾는다 하더라도 나랏일을 안심하고 맡길 수 있는 사람이 거의 남아 있지 않게 될 것이다.

> 무너지는 시대를 구하러 한 젊은이가 오고 있으니
> 적어도 그를 훼방하지는 말지어다.
>
> 베르길리우스

병사는 적군보다 자기 지휘관을 더 두려워해야 한다는 저 오래된 격언은 대체 어디로 간 것인가? 로마군이 진을 치는 바람에 꼼짝없이 갇히게 된 사과나무 한 그루가 있었는데, 다음 날 병사들이 철수한 후에 보니 그 나무에 열려 있던 무르익어 달콤한 사과들이 하나도 사라지지 않고 남아 있더라는 경탄할 만한 사례는? 나는 우리 젊은이들이 별 도움이 못 되는 여행이나 그리 명예롭지 못한 수련을 하느라 시간을 보내는 대신에, 절반은 로도스 기사단[2] 소속의 어느 훌륭한 지휘관 밑에서 해전을 견학하고, 나머지 절반은 튀르키예 군대의 규율을 배웠으면 한다. 그들의 규율은 우리 것과 많이 다르고 장점도 많이 있기 때문이다. 예를 들어 우리 병사들은 먼 곳으로 싸우러 나가면 기강이 해이해지는 데 비해, 저들은 더 두려움을 느끼고 조심스러워한다. 일반 평민을 못살게 굴거나 그들의 물건을 빼앗으면 평상시에는 태형을 선고받았지만 전시에는 사형에 처해졌기 때문이다. 달걀 한 개를 훔치면 쉰 대의 곤장을 맞았지만, 먹을 것이 아닌 그 밖에 다른 것을 훔치면 아무리 하찮은 것일지라도 즉시 말뚝에 꿰어 처형당하거나 참수형에 처해졌다. 역사상 가장 잔인한 정복자인 셀림[3]의 이야기를 읽고 내가 놀란 것이 있으니, 그가 이집트 지역을 정복하고 다마스쿠스[4]에 진을 쳤을 때, 도시 주변의 아름다운 정원

---

2 '요하네스 기사단'을 달리 이르는 말. 제1차 십자군 전쟁 때 수도사 게라르트가 예루살렘에서 만든 종교 기사단이다. 십자군의 중요 전력으로 활약했으나 이슬람 세력에 밀려 키프로스섬, 로도스섬, 몰타섬으로 옮겼다가 나폴레옹의 이집트 원정 때 해체되었다.
3 오스만 제국의 술탄인 셀림 1세. 오스만 제국을 시리아, 헤자즈, 이집트까지 확대하고 이슬람 세계에서 지도적 위치로 끌어올렸다.
4 시리아 아랍 공화국에 있는 도시. 이슬람 문화의 4대 도시(메카, 메디나, 예루살렘, 다마스쿠스)의 하나였다. 1516년에 마르쥬 다비크 전투에서 오스만 제국이 맘루크 왕조를 격파하고, 다마스쿠스는 1918년까지 오스만 제국의 통치를 받았다.

들이 모두 개방되어 있었는데도 병사들이 약탈하라는 지시를 받지 못했기 때문에 그곳을 조금도 훼손하지 않은 채 그대로 남겨두었다는 것이다.

한 나라에 내전같이 강력한 약제로 싸워 이겨내야 할 병이 과연 있는 것일까? 파보니우스[5]에 따르면, 심지어 폭군이 한 나라의 정권을 찬탈한 경우라 할지라도 그런 약제는 배제해야 한다. 비록 자기 나라가 앓고 있는 병을 치료하기 위해서라고 하더라도 폭력으로 평화의 질서를 유린하는 것에는 플라톤도 동의하지 않는다. 그는 혼란과 혼돈을 초래하고 시민의 희생과 파멸을 대가로 요구하는 개혁을 받아들이지 않으며, 이 경우 선인善人이 해야 할 일이라곤 만사를 그대로 두고 신에게 당신의 경이로운 손을 사용해달라고 기도하는 일뿐이라고 말한다. 그는 절친한 친구 디온[6]이 이와는 조금 다른 방향으로 처신한 것에 불만을 터뜨렸던 듯하다.

---

5 마르쿠스 파보니우스. 로마의 군인, 정치가. 카이사르를 암살하려 한 브루투스에게 "내전이 가장 부정不正한 군주제보다 더 치명적"이라며 그에게 동조하지 않았다.

이런 관점에서 보면 나는 플라톤이라는 사람의 존재를 알기 전부터 플라톤주의자였던 셈이다. 그는 진실한 마음 덕분에 신의 보호 아래 자기 시대의 어둠을 뚫고 기독교의 광명 속으로 들어와도 될 만한 인물이다. 만일 그가 우리 기독교 사회에서 배척되어야 한다고 생각하는 사람이 있다면, 그것은 우리가 그저 일개 이교도에게 가르침을 받는다는 것이 영 못마땅하여 그러는 것이리라. 오로지 신께서 주관하실 일이고 우리의 협력과는 무관하다고 해서 신에게 아무런 구원도 기대하지 않는 것은 얼마나 불경스러운 태도인가!

나는 이런 종류의 일[7]에 끼어드는 많은 사람들 가운데 가장 기형적인 형태일지라도 개혁으로 나아가고 있다고 생각하고, 사실상 천벌을 받을 것이 명백한 일인데도 구원에 이르는 길이라고 믿을 만큼 우둔한 자

---

6 플라톤은 그리스의 식민도시 시라쿠사에서 참주 디오니시오스 1세의 처남인 21세의 청년 디온을 만났다. 디온은 플라톤의 열렬한 추종자였는데, 플라톤 역시 그를 자기가 주장하는 철인 통치의 이상을 구현해줄 재목으로 생각했다. 그래서 그 후 두 번이나 더 시라쿠사를 찾았지만, 자신의 꿈을 이루지는 못했다. 결국 플라톤은 특별한 성과 없이 아테네로 돌아와 아카데미를 세우고 교육에 매진하게 된다.

7 내전을 말한다.

가 한 명이라도 있을지 가끔 의아스럽다. 신이 후견 세력으로 마련해준 정부와 공권력과 법률을 뒤집어엎고, 형제들의 심장을 골육상쟁의 증오심으로 채우며, 악마와 복수의 여신을 우군으로 청하면서, 이 모든 것이 신의 율법에 담긴 거룩한 평화와 정의를 돕는 길이라고 믿어 의심치 않을 사람이 과연 있을까?

야심과 허욕과 잔인함과 복수심은 그 자체로 충분할 만큼 격렬하지 않다. 거기에 정의와 신앙심이라는 영광스러운 구실을 만들어주자 불이 붙고 불길이 솟아오른 것이다. 악의惡意가 합법으로 인정받고, 공권력의 비호 아래 덕성의 외투까지 걸치게 되는 것보다 더 나쁜 경우는 없다. "신들의 뜻이라는 명분으로 범죄를 은폐하려는 짓이야말로 타락한 종교의 가장 기만적인 모습이다."(리비우스) 플라톤의 말에 따르면 가장 나쁜 유형의 부정이란 정의롭지 못한 것이 정의로운 것으로 여겨지는 것이다.

민중은 당시 도탄의 구렁에 빠져 있었다. 단지 현재의 손해뿐 아니라,

전원 도처가
지극한 혼란으로 어지럽혀져 있으니,
베르길리우스

미래까지도 손해를 입은 것이다. 살아 있는 자들이 고통을 겪어야 할 뿐 아니라, 아직 태어나지 않은 자들까지도 고통을 겪어야 했다. 민중은 모든 것을 약탈당했으며, 나 역시 마찬가지였다. 여러 해 동안 살아가려고 준비해둔 것마저 뿌리째 빼앗겼으니 희망마저 강탈당한 것이다.

가져가거나 데려가지 못할 것은 부스러뜨리고,
죄 없는 초가집들마저 도적 떼가 태워버린다.
오비디우스

성벽 안쪽에도 안전은 없고
전원의 민가들은 약탈로 황폐해졌다.
클라우디아누스

이런 재난 외에 나는 다른 일로도 고생을 겪었다. 혼란스러운 시절에 중용을 지키려다 온갖 봉변을 당했다. 나는 양쪽에서 시달림을 받았다. 기벨린당에서는 나를 겔프당으로 보았고, 겔프당에서는 나를 기벨린당으로 보았다.[8] 내가 좋아하는 시인 중 한 명이 그렇게 말한 적이 있는데, 어디에서였는지는 모르겠다. 우리 집의 위치와 내가 가까이 사귀는 이웃들은 나를 황제파로 분류했고, 나의 생활과 행동은 나를 그와 다른 모습으로 보이게 했다. 내가 정식으로 비난받은 적은 없었다. 딱히 물어뜯을 데가 없었던 것이다. 나는 지금껏 한 번도 법을 어긴 적이 없다. 내게서 그런 꼬투리를 찾았다면, 시비를 거는 쪽이 오히려 걸렸을 것이다. 나에 대한 것은 별다른 설명 없이 이러쿵저러쿵 은밀히 돌고 도는 혐의였다. 이렇게 혼란스러운 상황에서는 시기심 많은 자나 어리석은 자들이 늘 있게 마

---

8 기벨린당과 겔프당은 12-14세기에 이탈리아를 양분하여 싸운 당파를 말한다. 겔프당은 로마 교황을 지지했고 기벨린당은 신성로마제국의 황제를 지지했다. 단테 알리기에리도 이 정쟁 때문에 피렌체에서 추방되었다. 여기서는 물론 가톨릭과 프로테스탄트의 싸움을 의미한다.

런이듯, 그런 혐의의 이유도 늘 있게 마련이다.

운명의 여신이 내 탓이라고 부당하게 비난해도 나는 대개 나 자신이 자초했다고 생각했다. 그에 항변하는 것은 내 양심을 위태롭게 하는 것이라 여겼다. "왜냐하면 언쟁은 확증을 약하게 만들기 때문이다."(키케로) 그래서 자신의 무죄를 증명하거나 변명하거나 설명하는 것을 피하는 식으로 대응하다 보니 그런 비난을 거드는 꼴이 되었다. 그리고 마치 남들이 내 심중을 훤히 들여다보기라도 하는 양 비난에서 벗어나 있기보다 그쪽으로 나 자신을 내밀고, 냉소적인 고백을 함으로써 그런 비난을 도리어 더 강화한다. 그도 아니면 대꾸할 가치도 없는 것인 양 아예 입을 다물고 있는 것이다. 그러나 나의 이런 태도를 지나친 오만이라고 여기는 사람들은 그 태도가 방어할 수 없는 입장을 방어하는 데서 비롯된 무기력이라고 여기는 사람들 못지않게 나를 못마땅하게 생각한다. 특히 자기들에게 고분고분 순종하지 않는 것이 가장 중대한 과오라고 보는 고관대작들이 그러하다. 그들은 자기 자신이 누구인지를 인식하고 있어서 자신을 낮추거나 공손히 고개 숙이거나 애원할 필요를 못 느끼는 모든 강직한 사람들에게 혹독하게 대한다. 나는 종종 이런 장애물에 부딪혔다. 내가 그때 당한 시련이 그 정도일진대, 만일 야심만만한 사람이 같은 일을 당했다면 스스로 목매달아 죽었을 것이다. 허욕이 많은 사람도 그러했을 것이다.

나는 재산을 모은다는 것에 거의 관심이 없다.

지금 내가 가진 것만을,
아니 그보다 적게라도 보전할 수 있기를,
만약 신이 허락한다면 내게 허여된 인생을
나를 위해 보낼 수 있기를.

호라티우스

그러나 도적질에 의해서건 폭력에 의해서건 타인의 부당 행위로 인해 내가 입은 손실은 탐욕으로 병들어 고통받는 사람이 겪는 것만큼이나 나에게 상처를 입힌다. 타인이 나에게 무언가를 가했다는 사실 자체가 손실보다 마음을 한층 더 쓰리게 만든다.

온갖 종류의 불행이 줄지어 나에게 맹공을 가해왔다. 한꺼번에 우르르 몰려왔다면 오히려 대범하게 견뎌냈으련만. 벌써 나는 내가 늙어 곤궁해지면 친구들 가운데 누구에게 내 몸을 의탁해야 할지 생각해보았다. 그리고 사방을 둘러봐도 도움받을 곳이 없음을 알았다. 높은 곳에 있다가 갑자기 아래로 곤두박질치게 되면, 튼튼하고 기운차며 운명의 여신이 지켜주는 친구의 팔에 떨어져야 할 텐데 말이다. 그런데 그런 팔이 있다 해도 드물다. 결국 나는 내가 곤경에 처했을 때 나를 맡길 가장 안전한 곳은 나 자신이라는 것을 깨달았다. 설령 운명의 여신에게 냉대를 받는다고 하더라도, 더 강하게 나 자신에게 의지하고 내 일에 몰두하며 나를 더 자세히 살펴야 함을 알았다.

매사에 사람들은 자기 것은 아끼려 들고 남의 도움에 의지하려 든다. 하지만 자신을 스스로 지킬 줄 아는 사람은 자기 것이야말로 유일하게 확실하고 강력한 것이라는 사실을 안다. 우리는 각자 다른 곳으로, 그리고 미래를 향해 달려간다. 자기 자신에게 도달한 이들이 아무도 없기 때문이다. 나는 내가 겪은 곤란한 일들이 내게 유익한 것이었다고 결론 내렸다. 굽은 나무는 불에 쬐어 쐐기를 박아 고정해야 한다. 마찬가지로 못된 학생들을 이성적으로 타일러도 행동이 고쳐지지 않을 경우에는 매로 다스려야 한다. 나는 아주 오래전부터 외부의 것은 따로 제쳐놓고 나 자신을 더 돌보자고 생각했다. 그럼에도 내 눈은 여전히 다른 곳을 쳐다본다. 지체 높은 사람이 나에게 고개를 끄덕여 보이고 호의적인 말을 건네고 기분 좋은 얼굴로 웃어주면 마음이 흔들린다. 이런 일이 요즘 같은 시대에는 보기 드문 일이고, 또 그게 무슨 의미인지는 사실 아무도 모른다. 사람들은 자꾸 나를 저잣거리로 꾀어내어 뭔가 직책을 맡기려 한다. 아직도 나는 이맛살을 찌푸리지 않은 채 그들의 말을 들어주고 있다. 때로는 내 답변이 너무 물렁물렁해서 은근히 설득해주기를 바라는 것처럼 보일 정도다. 그런데 이렇게 나처럼 고분고분하지 않은 태도에는 몽둥이찜질이 필요하다. 분해되고 해체되고 갈래갈래 흩어지는 술통은 나무망치로 두드려서 꽉 조여야 하는 것이다.

    내가 곤란한 일들을 겪었을 때, 나는 내가 운이 좋

아서 그리고 내 성격으로 보아 그런 어려움이 맨 나중에 나에게 닥치리라 기대했다. 그런데 실상 폭풍우가 휘몰아쳤을 때 나는 맨 먼저 타격을 받은 편에 속했다. 그래도 그 덕분에 나는 일찍부터 더 나쁜 일에 대비할 수 있도록 나를 훈련하고, 내 삶의 방식을 조정하고 새로운 상황에 대응하도록 미리 준비시킬 수 있었다. 진정한 자유란 자기 자신을 완전히 소유하는 것이다. "가장 힘 있는 사람은 자기 자신의 주인인 사람이다."(세네카)

보통의 평온한 시대에는, 사람들은 그저 보통의 평범한 사고에 대비한다. 그러나 삼십 년 전부터 우리가 처해 있는 이 혼란의 시대에는, 프랑스인 누구나 다 개인적으로나 일반적으로나 매 순간 자신의 운명이 뒤바뀌는 상태에 살고 있으므로 마음의 양식과 더욱 강하고 굳은 각오가 필요하리라. 차라리 편하게 놀 수 없고 느긋하거나 한가롭게 지낼 수 없는 시대에 살게 된 것을 운명에 감사하자. 다른 방법으로는 유명해질 성싶지 않은 사람도 요즘 같은 때에는 자신의 불행 때문에 유명해질 수 있을 것이다.

나는 역사책 속에서 다른 나라의 혼란상을 읽을 때마다 내가 그 현장에 있으면서 좀 더 자세히 볼 수 없었다는 것을 늘 유감스럽게 생각했다. 그만큼 호기심이 강했던 터라, 이 나라의 공적 죽음이라는 놀라운 광경과 그 양상을 내 눈으로 볼 수 있는 것을 기쁘게 생각한다. 또한 내 힘으로 그 죽음을 늦출 수 없는 이상, 지금 이 자리에서 그로부터 교훈을 얻을 수 있는 운명에 놓인 것을 만족스럽게 생각한다. 아무튼 우리는 어렴풋한 형체만으로라도, 또는 연극과 같은 허구 속에서나마 인간 운명의 비극적 연희가 재현되는 것을 한사코 보고 싶어 한다. 거기서 우리가 보고 듣는 이야기에 동정심을 느끼지 않아서가 아니라, 참으로 딱한 그 사건들의 예외적 성격을 통해 우리 자신의 고통을 떠올리며 쾌감을 느끼는 것이다. 꼬집어 뱉는 맛이 없으면 딱히 즐거움이라고 할 만한 것도 없는 법이다. 훌륭한 역사가들은 평탄한 이야기는 고요한 물이나 죽은 바다라도 되는 양 회피하면서 반란과 전쟁 이야기에는 혈안이다. 그들은 우리가 그런 이야기를 더 고대하고 있다는 것을 아는 것이다.

나는 내 나라가 붕괴되는 과정을 지켜보면서 반평생을 보냈다. 그동안 내가 나의 안정과 휴식을 얻는 데 큰 비용을 치르지 않았다고 솔직하게 고백해도 되는지는 잘 모르겠다. 나는 나 자신과 직접 관련이 없는 불행에 대해서는 조금은 너무 쉽게 체념하고 받아들인다. 불행을 한탄하기 전에 사람들에게 빼앗긴 것보다는 아직 내게 멀쩡하게 남아 있는 것을 더 헤아려본다. 불행이 잇달아 우리를 위협하고 주변의 다른 이들을 때려눕히는 와중에도 이렇게 저렇게 불행을 모면하고 있으니 그나마 다행이라 여긴다. 내 나라 사람들의 목숨이 내걸린 큰 재난이나 변고와 관련해서는 그 범위가 넓을수록 내 동정심의 강도는 더 약해진다. 나는 "공공의 불행은 그것이 우리 자신의 이해관계와 맞물려 있을 때 비로소 느껴진다."(리비우스)라는 말에 거의 전적으로 동의한다. 또한 우리가 원래 지니고 있던 건강이란 것도 건강에 대해 갖게 될 후회의 정도에 따라 다르다는 점에도 동의한다. 우리가 건강이 좋았다고 할 때 그것은 그다음에 따라온 병과 비교해봤을 때 건강이 좋았다고 할 수 있는 것이다. 애초에 우리는 그렇게 높은 곳에서 떨어진 것이 아니다. 내가 보기에 이제는 사방에서 공식적으로 인정되다시피 한 부패와 약탈이야말로 가장 참을 수 없는 짓거리인 것 같다. 안전한 장소에서보다 숲속에서 강도를 당하는 것이 덜 불쾌하다. 우리의 몸뚱이는 모든 부분이 서로 앞다투어 썩어가고 있고, 그것들이 또 한데 뭉쳐 있어, 대부분 고질적인 궤양을 앓고 있으면서도 치료받기를 바랄 수 없는 상태였다.

어쨌건 내 나라의 붕괴라는 것은 평온할 뿐 아니라 오만하기까지 했던 내 양심 덕분에, 나를 망연자실케 하기보다는 나에게 힘을 내도록 격려해주었고, 따라서 나는 자책하며 안타까워할 이유를 끝내 찾지 못했다. 신은 인간에게 순전한 악도 순전한 선도 내리지 않으신다. 그런 까닭에 내 건강은 이 시기에 여느 때보다 더 잘 유지되었다고 할 수 있다. 건강하지 않으면 아무 일도 할 수 없듯이 건강한 상태에서 할 수 없는 일도 거의 없었다. 건강은 내가 모든 역량을 발휘할 수 있게 해주고, 자칫하면 더 심하게 상처를 입혔을 타격으로부터 나를 보호해준다. 나는 나 자신의 인내력을 시험해볼 수 있었고, 운명의 여신에 맞서 나의 의연함을 보여줄 수 있었다. 그리고 나를 당황하게 만들고 좌절시키려면 아주 큰 충격이 있어야 한다는 것을 알았다. 운명의 여신을 들쑤셔 나를 더 난폭하게 공격하게 하려고 이런 말을 하는 것은 아니다. 나는 그녀의 종복이며, 그녀에게 손을 내밀어 도움을 청한다. 제발 바라건대, 그녀가 만족하기를! 내가 그녀의 공격을 느끼느냐고? 당연히 느끼고말고. 슬픔에 몸도 제대로 못 가누는 사람들이 그래도 이따금 그들을 스쳐 가는 몇몇 즐거움에 몸을 맡기고 작은 미소를 머금듯이, 나 역시 충분히 나를 다스릴 수 있어서 날마다 나의 상태를 평온하게 만들고 고통스러운 생각에서 벗어나게 한다. 물론 이런 불쾌한 생각들을 쫓아버리거나 맞서 싸우려고 단단히 마음을 먹는 동안에도 그 생각들이 불쑥 솟아 나를 거꾸러뜨리는 때가 간혹 있었다.

그런데 여태껏 내가 겪은 불행보다 훨씬 심각한 불행이 나에게 닥쳤다. 페스트가 내 집 안팎으로 덮쳐, 다른 무엇보다도 더 혹독하게 나를 괴롭힌 것이다.[9] 건강한 몸일수록 더 큰 병에 걸리기 쉬운 법이다. 그런 병이 아니면 건강한 몸을 이길 수 없기 때문이다. 그와 마찬가지로, 근처에 온 어떤 전염병도 발을 들여놓은 적이 없을 만큼 아주 건강하던 우리 집 공기도 일단 오염되고 나니 정말 기이한 결과가 초래되고 말았다.

> 늙은이나 젊은이나 뒤죽박죽으로 무덤 속에 쌓여
> 프로세르피나[10]의 잔인한 손아귀를 벗어나는 자가
> 없었다.
>
> 호라티우스

이런 희한한 일을 당하게 되자, 나는 내 집을 보기가 두려워졌다. 집에 있는 모든 것이 지키는 사람도 없이 아무나 탐내는 자의 몫이 되어 있었다. 손님이라면 누구나 다 환대해주던 내가, 가족이 피난할 곳을

---

9 몽테뉴의 두 번째 보르도 시장 임기가 끝날 때인 1585년 6월 페스트가 보르도에 들이닥쳤다. 이후 몽테뉴는 여러 곳을 전전하며 피난 생활을 했다. 당시 보르도 주민 3분의 1에 해당하는 1만 4000여 명이 페스트로 숨졌다.

10 로마 신화의 여신으로, 그리스 신화의 페르세포네와 같은 역할과 신화를 갖는다. 죽음의 세계를 지배하는 하데스가 유괴하여 아내로 삼았기 때문에 반년씩 지상과 명부를 드나들었다고 한다.

찾느라 갖은 고생을 다 해야 했다. 길 잃은 가족은 친구들에게, 아니, 그들 자신에게도 두려움의 대상이 되고, 찾아간 피난처에서도 공포의 대상이 되고, 가족 중에 누구 하나가 손가락 끝이라도 아프면 그 이유만으로 당장 그곳을 떠나야 했다. 어떤 병도 무조건 페스트로 여겨졌고, 그것이 무슨 병인지 확인해볼 겨를조차 얻을 수 없었다. 그중 제일 끔찍했던 것은 위험한 징후가 나타나면 의술의 규칙에 따라 사십 일간[11] 이 병이 페스트인지 아닌지를 놓고 불안에 떨어야 하는 것이었는데, 그동안에도 상상력은 제멋대로 작동해서 건강한 몸까지도 열병을 앓게 했다.

무려 여섯 달간 비참하게 이 대상隊商의 안내자 노릇을 하며 다른 사람의 고통을 몸소 느끼지 않고 지낼 수 있었다면, 이 모든 일이 내게는 훨씬 덜 고단했을

---

11 페스트는 라틴어로 '지독한 병' 또는 '흉한 죽음'을 뜻한다. 1346년 아시아 상선을 탄 쥐벼룩에게 얹혀 온 페스트 박테리아는 3년 사이에 유럽 인구의 30-60퍼센트를 죽였다. 1348년에 이탈리아 베네치아는 전염병 확산을 막기 위해 항구로 들어오는 배를 40일 동안 격리시키고 검역을 했다. 격리 검역을 뜻하는 영어 단어 쿼런틴quarantine은 이탈리아어로 '40일'이란 뜻의 콰란티나 조르니quarantina giorni에서 유래한다.

것이다. 왜냐하면 나는 강단과 인내심이라는 예방 수단을 가지고 있기 때문이다. 이런 종류의 병에서는 불안이 특히 해로운 법인데, 나는 별로 불안에 시달리지 않는다. 내가 홀몸이었다면, 그래서 도망치려 했다면, 훨씬 홀가분하게 훨씬 멀리까지 도망쳤을 것이다. 나는 페스트로 인한 죽음이 최악의 죽음이라고 생각하지 않는다. 이런 죽음은 대개 짧고, 어뜩어뜩 현기증이 일어나며, 고통도 없고, 다들 그런 상태에 있으니 위로가 되고, 장례를 치를 필요도, 애도의 슬픔이나 조문객도 필요가 없다. 그러나 우리 주변에 살던 사람들은 백에 한 명도 목숨을 건지지 못했다.

> 그대는 보았으리. 목동들의 영토는 황폐해지고,
> 넓디넓게 펼쳐진 풀밭은 텅 비어 있다.
> 베르길리우스

영지에서 내가 얻는 수입은 대부분 농장 일에서 나오는데, 한때 백 명의 일꾼이 나를 위해 일하던 그 땅에 꽤 오랫동안 사람의 손길이 닿지 않고 있다.

그런 상황에서 이 모든 사람들이 보여준 순박함은 우리를 굳건하게 했다. 그들 대부분은 생명에 대한 근심을 포기하고 있었다. 이 지방의 주요 산물인 포도는 포도나무에 그대로 달려 있고, 모두가 무관심하게 오늘 밤이든 내일이든 죽음이 찾아오기를 기다려도 외형과 목소리에 거의 변화가 없었다. 그들은 그것을 숙명으로, 누구나 당하는 불가피한 선고로 여기는 듯했다. 물론 죽음이란 그런 것이다. 그러나 죽음 앞에서 사람들이 보이는 태도는 얼마나 하찮은 것에 달려 있는가! 몇 시간 차이로 죽느냐, 누군가가 보는 자리에서 죽느냐, 이런 것들로 인해 죽음에 대한 우리의 생각은 달라진다. 여기에 있는 사람들을 보라. 어린애도 젊은이도 늙은이도 같은 달에 죽는다는 이유로 더 이상 동요하거나 눈물을 흘리지 않는다. 내가 본 어떤 이들은 오히려 홀로 뒤에 남겨지는 것을 끔찍한 고독 속에 남겨지는 것처럼 두려워하고 있었다. 그들의 유일한 걱정거리는 무덤에 대한 것뿐인 듯했다. 들판에 흩어진 시체 위에 짐승들이 우글거리는 꼴을 보기가 괴로웠던 것이다.

사람들의 생각은 얼마나 다른가! 알렉산드로스가 정복한 네오리트 사람들은 죽은 자들의 시체를 깊은 숲속에 던져 짐승의 먹이가 되게 하고, 그것을 행복한 장례로 여겼다. 어떤 사람은 아직 멀쩡한데도 벌써 제 무덤을 파고 있었고, 또 어떤 사람은 아직 살아 있는데도 무덤 속에 누워 있었다. 우리 집 일꾼 하나는 죽음이 다가오자 손발로 제 몸에 흙을 뿌려 덮었다. 좀 더 편히 잠들기 위해 몸을 피하려 했을 것이다. 그들이 보여준 용기 있는 태도는 칸나에 전투[12] 후에 로마 병사들이 보여준 태도에 비교해도 손색이 없다. 로마 병사들은 자기들 손으로 판 구덩이에 머리를 박고 자기들 손으로 흙을 채우고 나서 질식해 죽었다. 요컨대 민중은 오직 자신의 행동을 통해 어떤 경지에 도달했고, 그 경지는 굳건함이라는 점에서 연구와 심사숙고를 통해 얻은 그 어떤 결심에도 전혀 뒤지지 않았다.

---

12 로마와 카르타고 간에 벌어진 제2차 포에니 전쟁에서 알프스를 횡단해 곧장 로마 영내로 진격한 한니발과 그의 군대는 기원전 216년 칸나에 전투에서 로마군에 대승을 거뒀다.

학문이 우리에게 용기를 불어넣기 위해 주는 가르침은 대부분 내면의 힘보다는 겉치레에, 결과보다 형식에 치우쳐 있다. 우리는 우리를 이토록 행복하고 안전하게 인도해준 자연을 저버렸으면서도 도리어 자연에게 교훈을 주려고 한다. 자연이 준 가르침의 흔적 또는 배우지 못한 탓에 그나마 남아 있던 자연의 모습은 저 거칠디거친 시골 사람들의 삶 속에 새겨져 있다. 따라서 학문은 굳건함과 순박함과 평안함의 모범을 제시하기 위해 날마다 그들에게 손을 내밀 수밖에 없다. 훌륭한 지식으로 꽉 차 있는 사람들이 배운 것 없는 사람들의 단순함을 본받아야 하고, 그것도 중요한 미덕을 발휘해야 할 때 본받아야 한다는 사실은 흥미롭다. 우리의 학문이 우리 인생에서 가장 귀중하고 요긴한 부분에 대한 가장 유용한 가르침, 예를 들어, 어떻게 살고 어떻게 죽을 것인가, 재산은 어떻게 관리하고 아이들은 어떻게 사랑하고 키울 것인가, 어떻게 공정을 유지할 것인가 등에 대한 가르침을 짐승들에게서 얻는다는 사실을 아는 것도 더욱 흥미롭다. 따지고 보면 이런 사실들이야말로 인간이 나약하다는 증거이다.

우리가 멋대로 만지작대고 있는 이성이라는 것은 늘 새롭고 색다른 것을 찾아다니는 까닭에 우리 안의 자연의 자취나 흔적 따위를 없애버린다. 인간은 자연을 마치 조향사들이 향유를 다루듯 한다. 외부에서 가져온 수많은 논거와 견해 등으로 자연을 지나치게 꾸며놓아 자연은 이제 가변적인 것이 되고 제각각 다른 것이 되어 변함없고 보편적인 본래의 모습을 잃게 되었다. 그리하여 우리는 편향도 부패도 의견의 다양성도 모르는 짐승에게서 자연의 증거를 찾아야만 한다. 물론 짐승이라고 해서 자연의 길을 늘 정확히 따라가는 것은 아니다. 하지만 그것들이 길을 벗어난다 해도 그 정도가 매우 미약해서 우리는 언제나 자연의 바퀴자국을 구별해낸다. 사람이 말을 끌고 간다고 해도 말은 위로 솟구치거나 옆길로 새기도 하지만 그것은 고삐의 길이를 벗어나지 못하며, 수릿과의 새가 아무리 날아오르려 해도 발에 묶인 끈의 길이를 넘어서지 못하는 것과 같다. "그 어떤 불행에도 풋내기 취급 당하지 않으려면 추방, 고문, 질병, 전쟁, 난파를 깊이 생각해보아야 하네."(세네카) 인간 본성의 모든 병폐를 미리 생각하며, 어쩌면 우리와는 아무 상관도 없을 병들을 가지고 그렇게까지 고민하며 대비하려는 저 이상야릇한 관심이 우리에게 무슨 소용이 있는가? "고통받지 않을까 두려워하는 자에게는 고통의 가능성이 실제 고통만큼 불행을 안겨준다."(세네카) 몽둥이에 맞아서뿐 아니라 그전에 들려오는 바람 소리와 고함에도 우리는 타격을 받는다. 당신은 왜, 어느 날 운명의 여신이 가장 심한 열병 환자들처럼(물론 그들은 실제로 열병에 걸렸다) 당신에게 열병을 앓게 할 수 있으니 미리 매를 맞아두려고 하는 것인가? 그리고 왜 크리스마스 때 필요할 것이라며 성 요한 대축일[13]부터 털로 짠 옷을 입으려 하는 것인가? 몇몇 사람들은 "당신에게 일어날 수 있는 모든 불행, 특히 가장 끔찍한 불행을 경험하고 그 시련을 통해 당신을 굳게 단련하라."라고 말한다. 이와 반대로 아예 그런 생각을 하지 않는 것이 가장 쉽고 가장 자연스럽다고 말하는 사람도 있다. 그런 불행들은 가능한 한 늦게 우리에게 다가오며,

---

13 성 요한 세례자 탄생 대축일은 더위가 한창인 6월 24일이다.

또 오더라도 그렇게 오래 머물지 않는다는 식이다. 따라서 우리의 정신이 그런 불행의 비중을 낮추고 줄여서, 그 정도로는 그것들이 우리의 감각을 괴롭히지 못한다는 듯이 미리 우리 내면에 끼워 넣어 품고 있어야 한다고 그들은 말한다. 가장 온건한 학파가 아니라 가장 엄격한 학파의 한 스승이 말하기를[14] "불행은 그것이 닥쳐왔을 때 비로소 그 무게를 제대로 느낄 수 있다."라고 했다. "그러니 그동안에는 당신을 기쁘게 하라. 당신이 가장 좋아하는 쪽으로 생각하라. 미리 달려 나가 불운을 마중하고, 미래에 대한 두려움 때문에 현재를 낭비할 필요가 있을까? 앞으로 불행해질 거라는 이유 때문에 지금부터 불행해질 필요가 있을까?" 이것이 그 스승이 한 말이다.

학문은 불행의 규모를 우리에게 정확히 가르쳐주고, "근심 걱정으로 우리 마음을 편달한다"(베르길리우스)는 점에서 우리에게 많은 도움을 준다.

---

[14] 스토아 철학자이자 정치가였던 세네카가 친구 루킬리우스에게 보낸 '도덕적 편지들'에서 한 말이다.

이런 불행들 가운데 한 부분이라도 우리의 감각이나 인식을 벗어나는 게 있다면 그것은 유감스러운 일일 것이다.

대부분의 사람이 죽음을 준비한다는 것은 죽음 자체를 직접 겪는 것보다 더 큰 고통임에 분명하다. 과거 어떤 사려 깊은 작가가 말했듯이, "우리의 감각은 육체의 고통보다 상상에 의한 고통 때문에 한층 더 괴롭다."(퀸틸리아누스) 죽음을 목전에 두고 있을 때 우리는 때때로 그 사실만으로 자극을 받아, 아무리 피하려 해도 피할 수 없으니 더 이상 피하지 않겠노라고 서둘러 결심을 한다. 옛날 검투사들 중에는 싸울 때는 무기력하게 싸워놓고, 싸움에 져서 죽을 때는 적의 칼날에 목을 쑥 내밀곤 어서 죽이라면서 죽음을 용감하게 받아들이는 이들도 있었다. 앞으로 다가올 죽음을 미리 헤아려보려면 여유로운 굳건함, 결과적으로는 우리가 갖추기 힘든 굳건함이 필요하다. 죽는 법을 모른다고 걱정하지 마라. 자연이 그 즉시 충분하게 잘 가르쳐줄 것이다. 자연이 당신을 위해 이 일을 빈틈없이 처리할 테니, 그 때문에 공연히 속 썩을 필요는 없다.

인간이여, 그대는 헛되이 알려고 든다.

그대의 죽음이 언제 올지,

그 죽음이 어느 길로 올지를.

프로페르티우스

갑작스럽고 확실한 파멸이

오랫동안 무겁게 견뎌야 하는 불행보다

덜 고통스럽다.

막시미아누스

　우리는 죽음을 걱정하느라 제대로 살지 못하고, 삶을 걱정하느라 제대로 죽지 못한다. 죽음에 대한 걱정은 우리에게 고통을 주고, 삶에 대한 걱정은 우리에게 공포를 준다. 우리가 죽음을 준비하는 것은 죽음 자체에 대비하기 위함이 아니다. 왜냐하면 그것은 너무나 순간적인 것이기 때문이다. 별다른 영향이나 손해 없이 끝나는 십오 분 동안의 고통을 위해 그렇게 특별한 가르침을 받을 필요는 없다. 사실을 말하자면 우리는 죽음을 맞이할 연습을 하고 있는 것이다. 철학은 항상 죽음을 눈앞에 두고 때가 오기 전에 미리 예견하고 고찰하라고 우리에게 명령하며, 그런 다음에 우리가 그런 예견과 고찰을 통해 마음에 상처를 입지 않도록 채비할 수 있게 규칙과 주의할 점을 가르쳐준다. 의사들이 하는 일도 마찬가지다. 그들은 환자들에게 약을 시험하고 기술을 연습하기 위해 우리를 질병 속으로 밀어 넣는다.

우리가 제대로 사는 법을 모른다면 우리에게 죽는 법을 가르치는 것은 부당하다. 또한 이제까지 흘러왔던 것과는 다른 방식을 인생의 말미에 제시하는 것도 부당하다. 우리가 견실하고 평온하게 살아갈 줄 안다면, 그와 같은 태도로 죽어갈 줄도 알 것이다. 철학자들은 제 마음대로 자랑해도 좋다. "철학자들의 인생은 온전히 죽음에 바쳐진 연구이다."(키케로) 그러나 죽음은 인생의 끝일 뿐 목표는 아닌 것 같다. 그것은 인생의 종말이자 인생의 종국이지 그 목적은 아닌 것이다. 인생은 그 자체가 목표이고 목적이어야 한다. 인생은 스스로 조절하고 처신하고 잘 참아내야 한다. 어떻게 죽을 것인가는 어떻게 살 것인가라는 인간의 본질적 의무를 포함하는 여러 조건 가운데 하나이다. 우리의 불안이 죽음에 비중을 더 두지 않는다면 죽음은 우리의 불안 중에서 가장 가벼운 것에 속할 것이다.

효용성과 진실성을 기준으로 삼는다면, 이런 순박한 가르침은 우리에게 그 반대를 설파하는 학문이나 이론에 별로 뒤지지 않는다. 사람에게는 저마다 다른 감정과 능력이 있다. 그들 각각에 맞는 다양한 방법으로 그들을 훌륭한 길로 인도해야 할 것이다. "태풍이 나를 어느 해안에 던져놓건, 나는 그곳의 손님이 된다."(호라티우스) 나는 이웃에 사는 농부가 어떤 태도와 확신을 가지고 최후의 순간을 맞이할까 고민하는 모습을 본 적이 없다. 자연은 그에게 죽어갈 때가 아니면 죽음을 생각하지 말라고 가르친다. 따라서 죽어갈 때의 그는, 죽음 자체와 죽음에 대한 긴 준비로 이중고에 시달렸던 아리스토텔레스보다 더 운이 좋다. 카이사르의 표현을 빌리자면 가장 덜 예측된 죽음이 가장 행복하고 가벼운 죽음이다. "필요하기도 전에 미리부터 고통을 겪는 사람은 필요 이상으로 고통을 겪는 것이다."(세네카) 우리가 죽음에 대한 생각으로 느끼는 고통은 거기에 쏟는 우리의 관심 때문이다. 우리는 자연의 처방을 지레짐작으로 판단하거나 자기 뜻대로 하려 하면서 스스로에게 해를 입힌다. 오직 식자들만이 더없이 건강한 상태에서도 죽음을 생각하느라 밥도 제대로 못 먹고 인상을 찌푸린다. 평범한 사람들은 죽음과 맞닥뜨릴 때 말고는 약이나 위로가 필요하지 않으며, 정확히 자신이 고통받는 만큼만 죽음에 관심을 두는데 말이다. 앞서 말했듯이, 시민들이 어리석고 이해력이 부족한 탓에 현재의 불행을 잘 견디고, 미래에 닥칠지 모를 불길한 일을 예사롭게 대하며, 그들의 영혼이 굼뜨고 무뎌서 뚫고 들어가거나 흔들어대기 어렵다고 한 말이 바로 이 뜻이 아닌가? 정말 그렇다면 앞으로는 우둔함을 가르치는 학파를 세워야 하지 않을까. 학문이 우리에게 약속하는 궁극의 결실이 바로 이것이고, 이 학파야말로 제자들을 그곳으로 평안하게 인도할 것이니. 자연의 순박함을 해석해줄 훌륭한 스승이 우리에게 없는 것은 아니다. 소크라테스도 그중 한 사람이 될 것이다. 내 기억에 그가 자신의 목숨을 놓고 심의 중인 재판관들에게 말한 것은 대략 그

런 의미였던 듯하다.[15]

"여러분, 저에게 사형을 내리지 말아달라고 여러분께 청한다면, 저를 고발한 자들의 비방과 중상에 도리어 걸려드는 꼴이 될까 염려스럽습니다. 그들은 제가 땅 밑의 일들과 하늘 위의 일들을 비밀스레 알고 있어서 잘난 척, 똑똑한 척한다고 주장합니다. 그러나 저는 알고 있습니다. 결코 죽음과 어울리거나 가까이한 적이 없으며, 죽음을 몸소 겪어보고 그것을 저에게 가르쳐주겠다고 달려드는 사람을 만나본 적도 없다는 것을. 죽음을 두려워하는 자들은 자기들이 죽음을 알고 있다고 믿습니다. 저는 죽음이 어떤 것인지, 저승이 어떤 곳인지 모릅니다. 죽음은 우리와 아무런 상관도 없고, 어찌 보면 바랄 만한 가치가 있는 것인지도 모릅니다. 그러나 죽음은 이승에서 다른 세상으로 넘어가는 것이어서, 고인이 된 많은 위대한 인물들과 함께

---

15 이어지는 문단부터 202쪽("조금도 두려워하지 않습니다.")까지 몽테뉴는 마르실리오 피치노가 라틴어로 번역한 《소크라테스의 변론》을 참조하되, 자신의 논지를 흐리지 않는 한도 내에서 소크라테스의 법정 변론을 자유롭게 인용하고 있다. 피치노의 '플라톤 전집'(1463)은 유럽에서 최초로 발간된 라틴어 번역 전집이다.

살 수 있다거나 편파적이고 부패한 재판관들을 더 이상 상대할 필요가 없어진다면 그보다 더 좋은 게 어디 있겠습니까. 죽음이 우리 존재의 소멸이라면 그 역시 길고 긴 밤, 평화로운 밤 속으로 들어가는 셈이므로 좋은 일일 것입니다. 우리의 삶에서 고요한 휴식과 아무 꿈도 꾸지 않는 깊은 잠보다 더 감미로운 것은 없을 것입니다. 저는 소위 나쁘다고 하는 것들, 예를 들어 가까운 사람을 모욕한다든가, 신이건 사람이건 윗사람에게 대든다든가 하는 것들을 하지 않으려고 매우 조심합니다. 좋은 것인지 나쁜 것인지 잘 모르겠는 것들에 대해서는 제가 두려워할 이유가 없다고 생각합니다.

만일 제가 죽음을 향해 떠나고 여러분을 지금 살고 있는 세상에 남겨둔다면, 여러분과 저, 둘 중에 어느 쪽이 더 좋을지는 오직 신들만이 아실 겁니다. 그러니 저의 문제에 대해서는 여러분 좋을 대로 결정하십시오. 그러나 올바르고 유익한 조언을 하는 저의 방식에 비춰볼 때, 제 소송 건에 대해 여러분이 저보다 더 잘 모르시겠거든 여러분의 양심을 위해 저를 석방하는 편이 더 나을 것입니다. 그리고 제가 공적 또는 사적으로 행한 일이나 그 취지, 늙은이와 젊은이를 막론하고 많은 시민들이 저와 이야기를 나누면서 얻은 이익, 제가 여러분에게 베푼 선행 등을 따져볼 때, 여러분이 제가 쌓은 공적에 걸맞은 대가를 제안해야 한다면, 저는 가난한 제 처지를 고려해 국가 부담으로 저를 프리타네이온[16]에서 식사할 수 있게 해달라고 제안하겠습니다. 저보다 못한 이유로도 여러분에게 그런 대접을 받은 이들을 저는 종종 본 적이 있습니다.

남들이 하는 대로 여러분에게 애원하고 동정을 구하지 않는다고 해서 제가 오만하다거나 여러분을 무시하는 거라고 생각하진 마십시오(호메로스의 말처럼, 저도 떡갈나무나 바위가 아니라 사람에게서 태어났으니까요[17]). 저에게도 눈물 흘리며 애통해할 친구와 가족이 있고, 흐느껴 울 세 명의 아들이 있어서 여러분에게

---

16 고대 그리스의 시 중앙 청사 또는 귀빈관으로 알려진 공공건물. 예전에 왕들이 아테네의 프리타네이온으로 손님들을 식사 초대하는 풍습이 있었다고 한다. 나중에 이런 특권은 올림픽 경기 우승자들이나 저명한 장군들에게 제공되었다.

17 "그런데 당신의 혈통과 출신을 내게도 말해주세요. 옛 전설이 말하듯 바위나 떡갈나무에서 태어나진 않았겠죠."《오뒷세이아》제19권 162-163행.

연민을 느끼게 할 것입니다. 그러나 저와 같은 나이에, 지금 고발당하고 있듯 가장 지혜롭다는 평판을 듣는 사람이 그런 식으로 비굴하게 행동한다면 이는 우리 도시에 부끄러운 일일 것입니다. 사람들이 아테네인들을 두고 뭐라고 쑥덕대겠습니까. 저는 제 말을 귀기울여 듣는 이들에게 불의한 행동으로 목숨을 구걸하지 말라고 늘 꾸짖어왔습니다. 그리고 우리 나라가 전쟁을 할 때, 저를 암피폴리스, 포테이다이아, 델리온에 배치했을 때,[18] 저는 치욕스럽게 생명 보전에만 급급한 자가 아니라는 것을 생생히 보여주었습니다. 만일 죽음이 두려워서 저의 직책을 저버린다면 그것은 여러분에게 의무를 소홀히 하고 불명예스러운 일을 하라고 청하는 셈이 됩니다. 여러분을 설득하는 데에는 저의 간청이 아니라 옳고 그름에 대한 순수하고 견고한 논거가 뒤따라야 할 것입니다. 여러분은 법에 따라 판결하겠다고 신들에게 맹세했습니다. 이렇게 말하면

---

[18] 플라톤에 따르면 소크라테스는 펠로폰네소스 전쟁 중 포테이다이아 전투, 델리온 전투, 암피폴리스 전투에 참전했다.

여러분이 신들의 존재를 믿지 않는 것은 아닌지 제가 의심하며 여러분을 비난하는 것처럼 보일지도 모르겠습니다. 그리고 저 또한 마찬가지로 신들의 지침을 불신하고 제 일을 신들의 손에 맡기지 않는다면, 신들에게 응당 품어야 할 믿음을 보이지 않는 셈일 것이니 저에게 불리한 변론을 하는 꼴이 될 것입니다. 저는 전적으로 신들의 존재를 믿으며, 신들이 여러분이나 저 자신에게 최선의 방식으로 이 사건을 처리하실 것이라고 확신합니다. 선한 사람은 살아 있는 사람이건 죽은 사람이건 신들을 조금도 두려워하지 않습니다."

이 같은 소크라테스의 말이야말로 단순하면서도 숭고한 변론이지 않은가? 그토록 화급한 순간에도 이런 말을 할 수 있다니! 아테네의 위대한 연설가 리시아스가 그를 위해 법정 연설체로, 그토록 고귀한 피고인에게는 적합하지 않은 탁월한 글을 작성했음에도 소크라테스 자신이 직접 나서서 진술하기로 한 선택은 옳았다. 그의 입에서 선처를 애원하는 말을 들어야 되겠는가? 지고지순한 덕성을 지닌 사람이 자신을 가장 드러내 보여야 할 때 어찌 무릎 꿇어 엎드릴 수 있겠는가? 참으로 중후하고 강건한 천성의 소유자가 어찌 자기변호를 변론술이라고 하는 기예에 맡길 수 있겠는가? 또한 최후의 시련 앞에서 자신의 자랑스러운 미덕인 진실함과 단순함을 포기하고 미리 준비한 연설의 상투적인 허식과 수식으로 자신을 꾸밀 수 있겠는가? 그는 자신의 말년을 한 해 더 연장하려 하지 않고, 영광스러운 최후에 대해 사람들이 영원토록 간직할 기억을 저버리지 않게 함으로써 청렴한 삶의 보유자이자 인간 본성의 거룩한 본보기로 남을 수 있었으니, 참으로 현명하게 또 자기 나름의 방식으로 행동했던 것이다. 그는 자신의 생명을 자기 자신을 위해서가 아니라 이 세상의 모범으로 내놓았다. 그가 모호하고 안일한 태도로 생을 마감했다면 그것은 우리 모두에게 손해가 아니었을까?

무심하고 평온하게 죽음을 대하는 소크라테스의 태도는 후대 사람들이 그를 높이 평가하는 데 크게 이바지했음은 물론이다. 실제로도 그러했다. 그리고 돌이켜보면 운명의 여신이 그의 영광을 위해 내린 지시만큼 더 정의로운 것은 없었다. 왜냐하면 아테네 사람들이 그를 죽음으로 몰아간 자들을 극도로 혐오하여 마치 파문당한 자들을 대하듯 멀리했기 때문이다. 그들의 손이 닿은 것은 모조리 더럽혀졌다고 여기고, 아무도 그들과 함께 목욕탕에서 몸을 씻으려 하지 않았으며, 누구도 그들에게 인사하거나 말을 걸지 않았다. 결국 그들은 사람들의 증오심을 견뎌내지 못하고 스스로 목매달아 죽고 말았다.

만일 누군가가 소크라테스의 말 가운데 내 뜻과 부합하는 말을 굳이 고른 것은 잘못이며, 이것이 일반인의 의견에 비해 너무 고상한 것이라고 여긴다면, 나는 일부러 이 부분을 골랐다고 대답할 것이다. 내 판단은 그들과는 다르기 때문이다. 나는 그의 이 변론이 품격이나 자연스러움에 있어서 일반적으로 사람들이 생각하는 것보다 상당히 낮은 수준에 있다고 생각한다. 그것은 멋 부리지 않은 대담성과 유치할 정도의 단순성으로, 인간성의 본원적인 모습과 순박한 무지의 가장 순수한 형태를 표현하고 있다. 왜냐하면 우리가 천성적으로 고통을 두려워할 수는 있지만, 죽음 그 자체 때문에 죽음을 두려워할 수는 없다는 점을 보여주기 때문이다. 죽음은 삶 못지않게 우리 존재에 필수 불가결한 부분이다. 자연이 무엇 때문에 우리 안에 죽음에 대한 증오심과 공포심을 심어놓았겠는가? 자연이 자신이 만든 작품의 계승과 변천을 유지하기 위해 죽음이 훌륭한 도구로 쓰이고, 이 세계라는 공동체 안에서 죽음이 손실과 몰락보다 생성과 증식에 더 기여하기 때문은 아닐까?

이처럼 만물은 끊임없이 소생한다.
루크레티우스

하나의 죽음이 수많은 생명을 잉태한다.
오비디우스

한 생명의 소멸은 천 개의 다른 생명에 길을 열어준다. 자연은 짐승에게 자신을 보살피고 보존하라는 임무를 심어주었다. 그래서 짐승은 자기 몸이 망가지고 부딪치거나 상처 입는 것을, 우리가 그들을 묶고 때리는 등 감각이나 경험으로 깨달아 알 수 있는 모든 나

뿐 일들을 두려워한다. 그러나 우리가 자신들의 목숨을 끊을지 모른다고 두려워할 줄은 모르니 짐승에게는 죽음을 상상하거나 고찰할 능력은 없는 것이다. 그래서 사람들은 짐승이 죽음을 기꺼이 맞이할 뿐 아니라(말은 대부분 히잉 하며 울고 백조는 노래를 한다), 코끼리의 사례처럼 필요할 때에는 죽음을 맞으려고 무덤을 찾아간다고까지 말하는 것이다.

앞서 내가 언급한 것 외에도 소크라테스가 사용한 논증 방식은 단순함과 열렬함 측면에서 볼 때 감탄할 만하지 않은가? 물론 소크라테스처럼 말하고 사는 것보다 아리스토텔레스처럼 말하고 카이사르처럼 사는 것이 훨씬 더 쉽다. 소크라테스의 방식은 흠잡을 데가 전혀 없는 만큼 그의 방식을 좇아서 따라 하는 것 또한 어려움이 이만저만이 아니다. 기교만 앞세워서는 거기에 도달할 수 없는 것이다. 하물며 우리의 능력은 이런 목표와 연관된 훈련 따위는 받지도 못했다. 우리는 우리 자신의 능력을 시험하려고도 알려고도 하지 않는다. 남의 능력을 빌려다 쓰면서 우리 자신의 것은 놀려두는 것이다.

어떤 이는 이 책에 남들의 꽃만 잔뜩 쌓여 있을 뿐, 내 것이라고는 이 꽃들을 묶어놓은 끈밖에 없지 않느냐고 말할지도 모르겠다. 남에게서 빌려온 그런 장식이 계속 나를 따라다니는 것처럼 보이는 것은 어쩔 수 없다. 하지만 나는 그 장식으로 나를 덮거나 감출 생각은 없다. 오히려 반대다. 나는 오직 내 것만을, 내가 타고날 때부터 지니고 있던 것만을 보이고 싶다. 만약 나 자신에 대한 믿음이 더 두터웠다면, 일이야 어찌 되었든 간에 오직 내 이름을 걸고서만 이야기했을 것이다. 나는 이 시대의 유행과 자신의 나태함을 좇다가 원래 생각과 초기의 계획을 넘어설 정도로 날마다 더 많이 남에게서 빌려온 것[19]을 내 글에 실었다. 이런 방식이 나와 어울리지 않는다 해도(한편으로 그런 것 같기도 하지만) 상관은 없다. 어떤 사람에게는 도움이 될 수도 있을 테니 말이다.

---

19 몽테뉴는 고대의 책을 많이 인용했지만 '인용citation'이라는 말 대신에 주로 '빌려온 것emprunt'이라는 표현을 썼다. 16세기에는 아직 '인용'이라는 개념이 없었고, 그런 개념 규정도 성립되어 있지 않았다. 그 말이 나오게 된 것은 18세기에 접어든 뒤였다. '빌려온 것', 즉 인용을 반성한 것도 몽테뉴에게는 당연한 일이었다.

플라톤과 호메로스를 읽은 적이 없으면서도 그들의 글을 자신의 글 속에 끌어다 쓰는 사람이 있다. 나도 원전이 아닌 다른 번역문 등에서 그들의 글을 자주 따왔다. 내가 글을 쓰고 있는 이곳에는 천 권의 책이 나를 둥글게 에워싸고 있다. 내가 원하기만 하면, 별로 힘도 안 들이고 별다른 수완을 발휘하지 않아도, 거의 펼쳐 보지도 않은 표절 작가들 열두어 명에게서 글을 빌려와 '사람 얼굴의 생김새'에 관한 내 글을 멋지게 장식할 수 있다. 인용으로 내 책을 장식하려 한다면 한 독일 작가의 머리말만 있어도 된다. 그런 식으로 어리석은 세상 사람들을 속이며 탐스러운 영광을 찾아다닐 수도 있는 것이다.

연구와 노력 없이 많은 사람들이 만들어내는 상투어들의 모음집은 단조롭고 밋밋한 주제들에나 쓰일 뿐이다. 그런 것들은 학문의 성과를 과시하는 데에는 효과가 있지만 우리의 행동 방침을 정하는 데에는 별 도움이 되지 않는다. 학문의 우스꽝스러운 성과물로 소크라테스가 에우튀데모스[20]를 골리며 장난칠 때 선보인 것이긴 하다. 나는 어떤 저자가 한 번도 깊이 있게 조사하거나 궁리하고 따져본 적 없는 소재들로 책을 쓰는 경우를 보았다. 그는 책을 쓰기 위해 여러 명의 박식한 친구들에게 이런저런 소재들을 찾아달라고 부탁해놓고, 정작 자기는 이런 기획을 했고 또한 거의 알려지지 않은 소재들을 솜씨 있게 엮어냈다며 만족스러워했다. 최소한 잉크와 종이는 자기가 제공했다면서 말이다. 사실 그것은 책을 사거나 빌린 것이지 책을 쓴 것은 아니다. 그것은 사람들에게 자기가 책을 쓸 줄 안다는 것을 보여주는 것이 아니라 사람들이 내내 의심쩍게 여기던 점, 즉 책을 쓸 줄 모른다는 것을 보여주는 것이다. 내가 있던 곳의 한 재판장은 내 앞에서 자기는 다른 사람들이 쓴 이백여 개의 글에서 문장을 빌려와 자기 판결문 하나를 완성한 적이 있다고 자랑하곤 했다. 그런 걸 자랑이라고 동네방네 떠들고 다닌다는 건 자기가 누릴 수 있었을 영광을 걷어차는

---

20 플라톤 대화편 가운데 하나인 《에우튀데모스》에 등장하는 소피스트. 여기서 에우튀데모스는 형제인 디오뉘소도로스와 함께 자신들이 내세우는 철학적 우위를 논증하기 위해 계속 거짓되고 무의미한 주장으로 소크라테스를 속이려 한다.

것이다. 지체 높은 사람이 그런 걸 갖고 자화자찬하고 다닌다니 얼마나 좀스럽고 가소로운가.

나는 그 반대이다. 빌려온 글 중에서 어떤 것은 태평스럽게 따 와 본래 모습이 드러나지 않도록 꾸미거나 형태를 변형시켜 새로운 용도로 쓴다. 그 글의 본뜻을 제대로 이해하지 못했다는 비판이 제기된다 해도, 나는 거기에 나의 개성이 좀 더 드러나도록 솜씨를 발휘해 완전히 남에게서 따 온 글이 아니라는 느낌이 들게 만든다. 다른 사람들은 남의 작품을 몰래 따다 쓰면서 자기 것이라고 이야기하며 재판관들 앞에서 나보다 더 신뢰를 얻는다. 나처럼 자연을 옳다고 믿고 받드는 사람들은 인용의 명예보다는 창안創案의 명예가 비교할 수 없을 정도로 더 크다고 생각한다.

만약 내가 학문적인 책을 만들고 싶었다면 진즉 그렇게 했을 것이다. 지금보다 더 재치 있고 기억력도 좋고, 학업에 더 전념하던 시절에 책을 썼을 것이다. 만약 작가를 직업으로 삼고 싶었다면, 지금보다 더 패기가 있었을 나이에 온몸을 던져야 했을 것이다. 게다가 그 책으로 인한 우연이 나에게 베풀어준 대가 없는 혜택을 그런 것에는 관심 없는 지금이 아닌 그때 누렸더라면 어떻게 되었을까. 내 지인들 중에 학식이 높았던 두 사람은 예순 살에 내겠다며 마흔 나이에 책 내기를 거절했는데, 내가 보기에는 그럼으로써 그들은 재능의 절반을 잃었다. 완전히 익은 과일은 설익은 과일만큼이나 결함이 있지만, 그 정도가 더 심하다. 그리고 그런 일을 하기에는 노년기가 다른 어느 시기보다도 나쁘다.

책을 펴냄으로써 자신의 노쇠를 감출 수 있다고 믿는 사람이 자기 자신을 은총받지 못한 자이고 몽상가이며 졸고 있는 정신의 소유자로 드러내지 않으면서 다른 생각들을 내보이길 바란다면, 그것은 미친 수작이다. 우리의 정신은 늙어가면서 변비에 걸리고 둔해진다. 나는 나의 무지를 충분히 과장해서 이야기하고, 내 학식은 보잘것없는 듯 초라하게 이야기한다. 학식은 어쩌다 살짝 덧붙여서 이야기하고, 무지는 분명하게 중점적으로 이야기한다. 딱히 사소한 것 말고는 그 어떤 것도 특별히 논하지 않으며, 무지에 대한 것 말고는 어떤 학문에 대해서도 옳고 그름을 따지지 않는다. 나는 내 삶을 한번 그려보기 위해서 그것을 전체적으로 내 눈앞에 펼쳐볼 수 있는 시기를 골랐다. 내게 남은 시간에는 생명보다 죽음이 더 많은 자리를 차지한다. 만일 내가 내 죽음을 만나 다른 사람들처럼 수다를 떨 수 있다면, 나는 세상을 하직하는 순간에도 기꺼이 내 죽음에 대해서 사람들에게 이야기를 들려줄 것이다.

소크라테스는 모든 위대한 자질의 완벽한 모델이었다. 그런 그가 그의 아름다운 영혼과는 어울리지 않게, 사람들의 말처럼 그렇게도 추한 용모와 신체를 가졌다는 것은 울화가 치미는 일이다. 그 자신도 아름다움을 무척 사랑했다고 하던데, 자연은 그에게 부당한 짓을 한 것이다. 육체와 정신의 관계에서 적합성만큼 그럴싸한 기준은 없다. "영혼의 경우는 어떤 육체에 담기느냐에 따라 큰 차이를 보인다. 육체의 여러 가지 많은 요소들이 정신을 단련시키는가 하면, 또 다른 요소들은 둔화시키기도 하기 때문이다."(키케로) 이 글을 쓴 사람은 부자연한 추함과 팔다리의 기형을 말하고 있는 것이다. 그러나 우리는 주로 얼굴에서 첫눈에 거슬리는 것 때문에 추하다고 한다. 우리가 불쾌감을 느끼는 이유는 얼굴빛이나 반점, 기분 나쁜 표정, 그리고 균형 잡힌 멀쩡한 몸인데 뭐라고 설명할 수 없는 무언가 때문이다. 참으로 아름다운 심성을 지니고 있었으나 썩 잘난 용모는 아니었던 라 보에시가 바로 이런 경우이다. 겉으로 나타나는 추함은 비록 강렬한 느낌을 주기는 하지만 정신의 상태에 미치는 영향은 크지 않으며, 사람들의 평판에 미치는 영향도 거의 적다. 또 다른 추함은, 정확하게 말하면 '기형'이라고 불리는 것인데, 더 실질적이며 내면에까지 효과를 발휘할 수 있는 것이다. 신발 속에 있는 발의 형태를 잘 보여주는 것은 재질이 매끄러운 신발이 아니라 모양이 잘 잡힌 신발이다.

소크라테스는 자신의 못생긴 외모를 두고 말하길, 교육을 통해 스스로 영혼을 고치지 않았더라면 자기의 영혼도 외모와 똑같아졌을 것이라고 했다. 물론 나는 이 이야기가 여느 때처럼 그가 농담을 한 것이라고 생각한다. 그렇게 탁월한 영혼은 자기 힘만으로 만들어질 리 없다.

아름다움이라고 하는 강력하고 유익한 특질을 내가 얼마나 높이 평가하는지는 아무리 입이 닳도록 말해도 결코 싫증 나지 않을 것이다. 소크라테스는 아름다움을 '하루살이 같은 횡포'라고 했고, 플라톤은 '본래 타고난 특혜'라고 불렀다. 사람들에게 미치는 영향력 면에서 아름다움을 능가하는 것은 없다. 그것은 사람들과 가까이 사귀는 데에 있어 최고의 지위를 가진다. 아름다움은 자신의 존재를 보란 듯 드러내고, 우리의 판단력에 놀랄 만큼 강한 인상을 남기면서 위세도 당당하게 그것을 유혹하고 장악해버린다. 프리네[21]가 만약 옷을 벗어 던지고 광채 나는 아름다움으로 심판관들을 유혹하지 않았다면 훌륭한 변호사의 도움에도 불구하고 소송에서 패소하고 말았을 것이다. 그리고 내가 보기에 세상을 지배했던 세 사람, 즉 키루스[22]나

---

[21] 기원전 4세기경에 활동한 그리스의 유명한 창녀. 사형에 해당하는 신성모독죄로 기소되었을 때 웅변가 히페리데스가 변론을 맡았다. 히페리데스는 자신의 변호가 신통치 않자 프리네의 옷을 찢어 그녀의 젖가슴이 보이게 했는데, 이에 배심원들은 놀라움을 금치 못하면서 "저렇게 아름다운 여인은 신께서 내린 은총이기 때문에 인간의 법으로 판결할 수 없다."라며 무죄를 선고했다고 한다.

알렉산드로스, 카이사르 같은 인물도 자신들의 장대한 계획을 추진하는 와중에 아름다움에 대한 관심을 소홀히 하지 않았다. 대 스키피오도 마찬가지였다. 그리스어에서는 '아름다운'과 '좋은(선한)'을 같은 단어로 표현한다.[23] 그리스 성경에서도 성령은 '아름다운'을 지칭할 때 종종 '좋은(선한)'이라는 말을 사용한다. 고대의 어떤 시인이 지었으며, 플라톤에 따르면 당시에도 이미 잘 알려져 있었다고 하는 한 시가[24]에서는 건강, 아름다움, 거짓 없는 부를 재산의 범주에 넣었다고 하던데, 나도 기꺼이 거기에 동의하고 싶다. 아리스토텔레스는 아름다운 사람들만 지휘할 권리가 있다고 하면서, 그들의 아름다움이 신들이 지닌 아름다움에 근접해 있다면 신들에게 하듯 그들을 우러러 공경

---

22 키루스 2세. 고대 페르시아 제국을 건설한 군주이자 정복왕. 이란인들에게 건국의 아버지로 알려져 있다.
23 고대 그리스어의 형용사로, '좋은', '아름다운'을 뜻하는 καλός, ή, όν(kalos, e, on)을 가리키는 듯하다.
24 플라톤의 《고르기아스》에서 소크라테스는 당시 사람들이 잔치에서 부르는 노래를 언급하며 가사 중에 다음과 같은 대목이 있다고 말한다. "가장 좋은 것은 건강이요, 두 번째는 아름다워지는 것이요, 세 번째는 (이 노래를 지은 시인의 표현에 따르면) 거짓 없는 부富라네."

해야 한다고 말한다. 사람들이 왜 아름다운 인물과 더 오래 그리고 자주 만나고 싶어 하느냐고 누군가가 그에게 묻자, 그는 "그런 질문은 맹인이 아니면 할 수 없는 질문입니다."라고 대답했다. 대부분의 철학자 그리고 그중 가장 위대한 철학자들은 자신들이 지닌 아름다움을 매개로 사람들의 호의를 얻은 덕분에 학비를 대고 지혜를 얻었다.

내가 부리는 일꾼들뿐 아니라 짐승들도 아름다움과 선함을 늘 붙어 다니는 사이로 여기고 있는 듯하다. 그렇다고 해서 얼굴의 생김새나 모양 또는 특징을 보고 내적 기질과 다가올 운명을 예측한다면 그것은 안 될 말이다. 그것들은 아름다움과 추함의 범주에 경솔히 넣을 것은 아니다. 페스트가 창궐하는 시대에 좋은 냄새와 맑은 공기가 곧바로 건강을 약속하는 것도 아니고, 나쁜 냄새와 답답한 공기가 반드시 감염을 유발하지 않는 것과 같다. 아름다운 부인들이 고약한 행동 습관으로 본인들의 미모에 어긋나는 일을 하고 있다고 비난하는 것도 꼭 적절한 것은 아니다. 왜냐하면 그리 잘생기지 못한 얼굴을 지닌 사람이라 할지라도 정직하고 믿음직한 품성을 지닐 수 있기 때문이다. 반대로 아름다운 두 눈에서 심술궂고 위험한 성정이 읽히는 경우도 종종 있다. 세상에는 호감이 가는 얼굴을 가진 이들이 있다. 전투에서 승리한 적의 무리가 물밀듯이 밀려올 때, 당신은 처음 보는 낯선 얼굴들 가운데서 누구에게 항복해 당신의 목숨을 맡기는 게 좋을지 선택해야 하는데, 상대의 외모를 보고 선택하지는 않을 것이다.

겉모습이란 허술하기 짝이 없는 보증이다. 그렇다고 전혀 고려해볼 필요가 없는 것은 아니다. 만일 내가 어떤 사람에게 엄한 벌을 내려야 하는 상황이라면, 자연이 그의 얼굴에 심어준 약속을 속이고 배신하는 사람을 더 혹독하게 다룰 것이다. 겉으로는 선해 보이는데 마음은 악의에 찬 사람을 나는 더 가혹하게 처벌할 것이다. 행운을 타고난 얼굴이 있고 불운을 타고난 얼굴이 있다는 말이 있다. 내 생각에는 유순한 얼굴과 바보 같은 얼굴, 엄격한 얼굴과 거친 얼굴, 간교한 얼굴과 침울한 얼굴, 경멸에 찬 얼굴과 우수에 찬 얼굴 등 서로 유사한 성질의 얼굴들을 구분하기 위해서는 요령이 필요한 것 같다. 거만할 뿐 아니라 까다로운 아름다움이 있고, 부드럽다 못해 무미건조한 아름다움도 있다. 이런 얼굴을 가진 사람들에게 미래에 무슨 일이 일어날지 예측한다는 것은 아무나 할 수 있는 일은 아니므로 나는 일단 보류하기로 한다.

이미 말했듯이 나와 관련된 일에 대해서는 다음과 같은 오래된 교훈, 즉 자연을 좇다가 일을 그르치는 경우는 없으며, 자연에 순응해 사는 것이 가장 좋은 것이라는 교훈을 조건 없이 깨끗이 받아들인다. 나는 소크라테스가 했듯 내 타고난 자질을 이성의 힘으로 바꾸지 않았고, 내 성향을 인위적으로 억누르려 하지 않았다. 나는 내가 세상에 왔던 대로 내 삶을 그저 내버려둔다. 나는 세상의 어떤 것과도 싸우지 않으며, 육체와 영혼이라고 하는 나의 두 부분은 서로에게 독립적이면서 서로 평온하고 화목하게 잘 지내고 있다. 내 유모의 젖도 적절하게 건강하고 안정적이었다고 하니, 신에게 감사할 따름이다.

기왕 말이 나왔으니 한마디만 덧붙인다. 나는 우리가 덕에 대해 정형화된 개념을 갖고 있으며, 실제 가치보다 더 높은 평가를 하고 있다고 본다. 아마도 교훈에 속박되었거나 희망과 두려움으로 복종을 강요받았기 때문일 것이다. 나는 법률과 종교가 만들어낸 결과로서의 덕이 아니라, 그것들이 공들여 다듬고 권위를 부여하려고 애쓰는 덕을 사랑한다. 다른 것의 도움 없이 스스로 버텨낼 자신이 있는 덕, 타락하지 않은 인간이라면 누구나 갖고 있는 보편적 이성이 씨를 뿌려 거기서 돋아난 뿌리의 도움으로 성장하는, 그런 덕을 사랑한다. 소크라테스의 방탕한 습성을 바로잡아준 이 이성은 그를 자기가 살고 있는 도시를 통치하는 사람들과 신들에게 복종하게 하고, 영혼이 불멸한다고 믿어서가 아니라 자신이 필멸의 존재이기 때문에 죽음 앞에서 용감하게 처신할 수 있게 했다. 신앙심만 있으면 도덕심 없이도 신의 정의를 충분히 만족시킬 수 있다고 사람들에게 설파하는 것은 모든 사회를 파멸로 이끄는 것이며, 기발하고 치밀하다기보다는 오히려 해롭기 짝이 없는 것이라고 할 수 있다. 그동안의 경험으로 우리는 독실한 신심과 양심 사이에 엄청난 차이가 있다는 것을 잘 알고 있다.

나는 생김새로 보나 사람들의 평판으로 보나 호감을 주는 외모를 가지고 있었다.

내가 무엇을 '가지고 있다'고 했나? 크레메스,
차라리 '가졌었다'라고 말하는 게 나을 걸세.
테렌티우스

아아, 그대는 이제 뼈만 앙상히 남은 내 모습만
보는구나.
막시미아누스

소크라테스와는 완전히 반대되는 외모였다. 내 경우 나를 전혀 알지 못하는 사람들이 단지 내 풍채와 태도만 보고 자기들의 일이나 내 일에 깊은 신뢰를 보이는 일이 종종 있었다. 외국에 나갔을 때에도 나는 유달리 진귀한 대접을 받곤 했다. 내가 실제로 겪은 다음 두 가지 사례는 특별히 새겨볼 만한 가치가 있다.

어떤 사람이 내 집과 나를 기습하려고 계획을 꾸민 적이 있었다. 그의 계획은 우리 집 문 앞에 혼자 찾아와서 안으로 들여보내달라고 간절하게 졸라대는 것이었다. 나는 그의 이름을 알고 있었고, 이웃에 사는 데다 먼 친척이기도 했기 때문에 의심 없이 그를 믿었다. 그래서 누구에게나 그랬던 것처럼 그에게도 문을 열어주게 했다. 그는 잔뜩 겁에 질려 있었고, 타고 온 말은 헐떡거리며 기진맥진해 있었다. 그는 다소 터무니없는 이야기를 내게 늘어놓았다. 그는 여기서 약 2킬로미터 떨어진 곳에서 적 한 명을 만났는데, 그쪽도 내가 아는 사람이었고 그 둘 사이가 앙숙이라는 소문도 들었다. 그런데 상대 남자가 바짝 추격해오는 데다, 수적인 열세 때문에 불안하고 혼란스러워 피난처를 구하려고 내 집 문을 두드렸다는 것이다. 그리고 자기 하인들의 안위가 몹시 걱정된다고 하면서, 아마 모두 죽었거나 포로가 됐을 것이라고 했다. 나는 그의 말을 곧이곧대로 믿고 그를 위로하고 안심시켜가면서 휴식을 취하라고 권했다. 그런데 얼마 뒤에 그의 병사 너덧이 똑같이 겁에 질린 모습을 하고 찾아와 들여보내달라고 간청을 했다. 그러고 얼마 뒤에 완전 무장을 한 병사 몇몇이 찾아오고 또 찾아오더니 나중에는 그 수가 늘어나 스물다섯 혹은 서른까지 이르렀다. 저마다 다들 적이 바짝 쫓아온다는 핑계를 둘러댔다.

이런 괴상야릇한 일이 계속 이어지자 미심쩍은 생각이 들기 시작했다. 나는 내가 어떤 시대에 살고 있는지 잘 알고 있었다. 사람들이 내 집을 호시탐탐 넘보고 있다는 사실을 모르지 않았고, 내 친지들 중에 이런 식으로 봉변을 당한 경우가 많다는 것도 알고 있었다. 그렇지만 이왕 시작한 바엔 일을 잘 마무리하는 게 좋겠다고 생각했고, 모든 인간관계를 끊지 않으면 여기서 벗어날 길이 없음에도 차마 그럴 수는 없어서, 나는 늘 하던 대로 가장 자연스럽고 단순한 방식을 택해 그들을 들여보내라고 일렀다.

사실 나는 천성적으로 남을 믿지 않거나 의심하는 성격이 아니어서 남의 변명을 언제나 곧이듣고 매사를 호의적으로 해석하는 편이다. 나는 사람들을 일반적인 통념에 비춰 판단한다. 괴물이나 기적에 대해서도 마찬가지이지만 구체적인 증거를 내 앞에 들이밀기 전에는 사악하고 타락한 성향 따위를 믿지 않는다. 게다가 나는 모든 일을 기꺼이 운명에 맡기고 그

품 안으로 기어들어 가는 사람이다. 지금까지 나는 이 점에 대해 나 자신을 한탄하기보다 자랑으로 삼았다. 그리고 운명의 여신이 나보다 훨씬 생각이 깊고, 나에게 아주 친절하다는 것도 알게 되었다. 지금까지 내가 세상을 살아오면서 취했던 행동 가운데 일부는 쉽게 결정을 내릴 수 없는 것이었다고, 혹시 이렇게 말해도 괜찮다면, 신중하게 검토했어야 하는 것이었다고 할 만한 것이었다. 하지만 그 경우에도 3분의 1은 내 몫일지언정, 3분의 2는 운명의 여신 몫이었다. 내가 생각하기에 우리는 우리의 일을 충분히 하늘에 맡기지 않고, 우리 몫이 아닌 일을 제 마음대로 하다가 잘못을 범하는 경우가 많은 것 같다. 우리의 계획이 그토록 자주 실패로 돌아가는 데에는 다 그만한 이유가 있다. 하늘은 하늘의 예지보다 인간의 예지를 더 중시하는 태도를 미워하고 싫어한다. 그리고 우리가 인간의 예지가 닿는 범위를 넓히려고 하면 더 좁혀버린다.

 나중에 도착한 자들은 말을 탄 채로 안뜰에 들어와 있었고, 그사이 우두머리는 나와 함께 성의 넓은 홀에 있었다. 그는 자기 부하들의 소식을 듣는 대로 곧장 물러가겠다고 하며 자기 말을 마구간에 들이지 말라고 당부했었다. 모든 것이 그의 계획대로 된 셈이어서 이제는 실행에 옮기는 일만 남은 듯했다. 훗날 그는 조금도 거리낌 없이 이때 일을 이야기하곤 했는데, 내 얼굴과 솔직한 태도 때문에 난동을 부릴 엄두를 내지 못했다는 것이다. 그는 다시 말에 올랐다. 부하들은 그가 무슨 신호를 보내지 않나 주시하다가, 이런 좋은 기회를 포기하고 성 밖으로 나가는 모습을 보고는 다들 어안이 벙벙한 눈치였다.

한번은 이런 일도 있었다. 언제였는지 잘 기억나지는 않지만, 우리 군대에 휴전이 선포되었다는 소문을 믿고 위험 지역으로 분류된 곳을 거쳐 여행길에 오른 적이 있었다. 내가 지나간다는 소식이 알려지자 곧 사방에서 서너 무리의 기병대가 나를 잡으러 쫓아왔다. 그중 한 무리가 사흘째 되는 날에 나를 따라잡아, 복면을 한 열댓에서 스무 명 남짓 되는 귀족들이 말 탄 궁수들을 이끌고 나를 공격해왔다. 나는 영락없이 사로잡혀 근처의 깊은 숲속으로 끌려갔다. 그들은 나를 말에서 내리게 하고, 궤짝을 뒤지고, 돈 상자를 빼앗았다. 말이나 장비들은 새 주인들이 나누어 가졌다. 우리는 잡목이 우거진 곳에서 내 몸값 문제로 오랫동안 옥신각신 다투었다. 몸값으로 엄청난 액수를 뒤집어씌우는 것을 보니, 그들은 내가 누구인지 잘 모르는 모양이었다. 그들은 나를 살려주느냐 죽이느냐를 놓고 격렬한 논쟁을 벌였다. 사실 당시 내가 처한 상황에서 내 생존을 위협하는 위험한 사정이 한둘이 아니었다.

> 아이네이스여, 바로 지금이야말로 풍부한 용기와
> 확고한 마음이 필요한 때이다.
> 베르길리우스

나는 내가 들은 휴전 소식을 방패 삼아, 그들이 내게서 빼앗아간 것(그것도 무시 못 할 액수였다) 정도는 포기하겠지만 몸값에 대해서는 어떤 약속도 할 수 없노라고 끝까지 버텼다. 두세 시간쯤 실랑이를 벌인 뒤, 그들은 온순해 보이는 말에 나를 태우더니, 열댓 혹은 스무 명쯤 되는 화승총 사수한테 나를 호송하는 일을 맡겼다. 내 하인들은 다른 패들에게 나누어 맡긴 다음,

그들을 포로로 삼아 각자 다른 길로 데려가라고 명령했다. 그런데 내가 화승총 사정거리의 두세 배쯤 나아갔을 때,

이미 카스토르와 폴룩스[25]에게 도움을 청한 탓인지,

카툴루스

갑자기 아무도 예상치 못한 일이 일어났다. 우두머리가 나에게 돌아와 부드럽게 말을 걸고, 부하들이 나누어 가졌던 내 옷가지를 찾아내려 애쓰고, 주요한 물건들이며 게다가 돈 상자까지 돌려주는 것이었다. 그러나 그들이 나에게 준 최고의 선물은 바로 자유였다. 이렇게 혼란스러운 시절에 그 밖의 다른 것은 문제도 아니었다.

---

25 그리스 신화에 따르면 카스토르와 폴룩스는 스파르타의 왕비 레다와 고니로 변신한 제우스 사이에서 태어났다. 카스토르가 죽게 되자 폴룩스 역시 슬픔을 이기지 못하고 죽음을 선택하게 된다. 하지만 불사의 몸을 가진 폴룩스는 마음대로 죽을 수 없는 운명이었다. 결국 폴룩스는 제우스에게 죽게 해달라고 부탁했고, 이들 형제의 우애에 감동한 제우스는 카스토르와 폴룩스를 두 개의 밝은 별로 만들어 형제의 우애를 영원히 기리도록 했다.

나는 그때 당시 딱히 그럴 만한 이유가 없었는데 왜 상황이 돌변했는지, 그 우두머리가 왜 생각을 바꾸었는지 아직도 잘 모른다. 시절이 시절인 데다 미리 계획하고 충분히 논의했을 것이며, 관행적으로 당연시됐던 이 일을(나는 애초에 내가 어느 편에 속하고, 내가 어디로 가는 길인지를 밝혔다) 거행하던 자들이 왜 기적적으로 마음을 고쳐먹었는지는 정말 모를 일이다. 그들 중에 가장 눈에 띄는 자가 복면을 벗고 자기 이름을 밝히면서 몇 차례나 되풀이해서 말하기를, 내 용모와 호방한 기색과 결연한 어조가 석방을 얻어낸 것이라고 했다. 이런 봉변을 당할 인물은 아니라고 생각했다는 말도 했다. 그러면서 만약 자기가 이런 꼴을 당할 경우 나도 똑같이 해달라고 부탁했다. 자비로운 신께서 용모와 말투라고 하는 이 하잘것없는 도구를 내 생명의 보존에 이용하신 모양이었다. 나는 신의 은혜를 입어 다음 날 더 위험한 매복에도 걸리지 않을 수 있었는데, 이때는 그 사람들이 내게 미리 귀띔해주었기 때문이다. 두 번째 사건에 등장하는 사람은 여전히 건재함을 자랑하면서 그 이야기를 하고 다닌다. 첫 번째 사건에 나오는 사람은 얼마 전 살해당하고 말았다.

만일 내 얼굴이 나를 보증해주지 않았던들, 만일 사람들이 내 눈과 목소리에서 내 생각의 소박성을 알아보지 못했던들, 나는 옳건 그르건 머릿속에 떠오르는 대로 이야기하고 거침없이 판단을 쏟아내는 이 경망스러운 자유를 이렇게 오랫동안 다툼이나 모욕 없이 유지하지는 못했을 것이다. 이런 태도가 무례하기 짝이 없고 우리네 관습에 어긋나는 것은 맞다. 그러나 나는 이것을 모욕적이고 심술궂다고 여기는 사람을 본 적이 없거니와, 내 입에서 나오는 그런 자유로운 말 본새에 화가 났다는 사람도 못 보았다. 같은 말을 반복한다고 해도 그때그때 소리가 다르듯 의미도 다른 법이다. 게다가 나는 아무도 미워하지 않는다. 또 남의 감정을 해칠까 노심초사하는 성격이라서, 이치에 합당한 일임에도 그렇게 하지를 못한다. 죄인에게 판결을 내릴 기회가 왔을 때에도 나는 오히려 정의에 대한 의리를 소홀히 했다.[26] "내게는 죄인을 처벌할 용기가 없는 만큼, 사람들이 죄를 범하지 않기를 바란다."(리비우스) 사람들이 아리스토텔레스가 악인에게 너무 자비롭다고 비난하자, 그는 이렇게 답했다고 한다. "나는 인간에게 자비로웠지, 그의 악의惡意에 자비로웠던 것은 아니오." 일반적으로 판결은 악독한 행위를 혐오해서 그것을 벌하는 것이다. 나는 형벌을 내리는 것만으로 찬물을 뒤집어쓴 듯 마음이 가라앉는다. 첫 번째 살인에 대한 혐오 때문에 두 번째 살인[27]을 두려워하는 것이다. 첫 번째 행위의 잔인함이 흉물스럽게 여겨져 그것을 모방하는 다른 모든 행위를 극도로 혐오하게 만든다. 클로버[28]의 시종 정도밖에 안 되는 나에게는 사람들이 스파르타의 왕 카릴라우스에 대해 한 말이 적용될 수 있을 것이다. "그는 악인들에게 못되게 굴지 못하니, 선한 사람일 수도 없으리라." 또는 플루타르코스가 했던 것처럼 (플루타르코스는 많은 경우에 서로

26　원문 그대로 번역하면 "나는 오히려 정의를 소홀히 했다."가 된다. 여기서 '정의justice'라는 낱말은 재판이나 재판소, 공정함 등의 뜻도 갖고 있기 때문에, 여러 가지로 해석할 수 있다. 몽테뉴가 재판관으로 보낸 13년은 '인간이 인간을 재판하는 게 어떤 것인가'라는 명제를 그에게 안겨주었다.

27　여기서 '두 번째 살인'은 죄인의 목숨을 끊던 형벌 제도를 가리킨다.

28　클럽(♣) 문양을 말한다. 플레잉 카드 중에서는 스페이드, 하트, 다이아몬드에 이어 가장 낮은 서열의 문양이다. 프랑스 등지에서는 클로버라고 하며, 농부를 상징하는 곤봉을 나타낸다.

다르고도 모순되는 두 가지 방식으로 의견을 제시했다) "그는 악인들한테마저 선하게 대하니 선한 사람일 수밖에 없으리라."라고 말할 수도 있을 것이다. 나는 합법적 수단을 불쾌하게 받아들이는 이들에게 합법적 수단을 사용하는 것을 유감스럽게 생각한다. 그런 만큼, 불법적 수단에 동의하는 사람들을 상대로 불법적 수단을 사용하는 것에 대해서는 별로 개의치 않는다.

나는 춤출 때 춤추고
잠잘 때 잠잔다

» 제3권 13장 «
경험에 대하여*

* 제3권 13장에는 몽테뉴가 만년에 도달한 사상의 핵심이 들어 있지만 자신의 몸에 깃든 병과 당대 의술에 대한 불신 등 온갖 종류의 문제를 재논의하고 있어 앞에서 언급한 문장이나 사색과 중복되는 감이 없지 않다. 불경스럽기 짝이 없지만, 13장의 전반부를 생략하고, 몽테뉴 삶의 최종 지혜를 드러내는 중반부부터 번역, 수록했다.

나는 춤출 때 춤추고 잠잘 때 잠잔다. 아름다운 과수원을 혼자 거닐 때, 때로는 내 생각이 산책과 상관없는 일들로 방해를 받지만, 나는 곧 그 생각들을 산책으로, 과수원으로, 고독의 감미로움으로, 나 자신에게로 돌아오게 한다. 자연은 어머니처럼 자상히 우리에게 내리는 엄한 명령이 즐거운 것이 되도록 했으며, 비단 이성만이 아니라 욕망을 통해서도 그것에 따라주기를 권했다. 자연이 정한 이 원칙을 어기는 것은 온당치 못한 짓이다.

나는 카이사르와 알렉산드로스가 정복 사업을 한창 진행하는 도중에도 인간적이고 육체적인 쾌락을 그토록 온전히 누리는 것을 보면서, 그것이 영혼을 해이하게 하는 것이 아니라 단련하는 것으로 생각했다. 그들은 놀라운 활력과 용기로 그토록 힘들고 고된 업무와 구상을 일상생활의 습속에 복종시켰기 때문이다. 만약 그들이 일상생활 쪽을 정상으로 여기고 정복 사업 쪽을 예외적인 것으로 여겼다면 그들은 현자였을 것이다.

우리는 참 어처구니없는 바보들이다. "저 사람은 평생을 한가롭게 보냈어."라고 말하면서 "나도 오늘 아무 일도 안 하고 지냈네."라고 한마디씩 덧붙인다. 도대체 무슨 소리를 하는 건가. 당신은 지금껏 살아오지 않았는가? 사는 것이야말로 당신이 일을 하는 데 가장 기본이 되는 일일 뿐 아니라 가장 영광스러운 일이다. "만약 나한테 큰 사업을 맡겨만 주었다면 나도 내 진가를 발휘했을 텐데." 당신은 자신의 삶을 깊이 있게 관찰하고 관리할 수 있는 능력을 갖추었는가? 그렇다면 당신은 모든 일 중에 가장 긴박하고 중요한 일을 한 것이다.

자연이 자신을 드러내고 능력을 발휘하는 데에는

별난 행운이 필요치 않다. 자연은 사회의 모든 무대에 모습을 드러낸다. 커튼 뒤에서건 커튼이 없건, 문제 될 것이 없다. 우리의 임무는 우리의 품성을 다듬는 것이지 책을 쓰거나 휴식을 취하는 것이 아니다. 전쟁에 승리해서 여러 도시나 나라를 빼앗는 것이 아니라 질서 있고 평온한 품성을 만드는 것이 우리의 임무이다. 우리에게 가장 위대하고 자랑스러운 일은 바로 정도에 맞게 살아가는 일이다. 나라를 다스리는 것, 재산을 모으는 것, 건물을 세우는 것 등은 기껏해야 부수적이고 부차적인 일에 지나지 않는다. 나는 어느 군대의 장군이 곧 공격하려는 성벽의 돌파 지점 아래서 친구들과 둘러앉아 마음껏 한가로이 식사하고 대화하는 모습을 보는 것이 좋다. 브루투스[1]는 하늘과 땅 모두가 그와 로마의 자유를 적대하고 있을 때에도 순찰을 도는 시간에 잠시 짬을 내어 차분하게 폴리비오스[2]의 책을 읽고 주해註解하는 작업을 했다. 자기 일의 무게

---

[1] 고대 로마의 정치가. 공화정 이념을 지지한 인물로, 기원전 44년에 카이사르를 암살한 후 동방으로 세력을 뻗었으나 안토니우스, 옥타비아누스와의 싸움에서 패하여 자살했다.

에 짓눌려 거기서 벗어날 줄 모르거나, 그것을 내려놓았다가 다시 잡을 줄 모르는 것은 시시한 영혼들이나 하는 짓이다.

> 나와 함께 온갖 고난과 역경을 이겨낸 용사들아,
> 오늘은 술에 힘입어 모든 시름을 떨쳐버려라.
> 내일이면 우리는 망망대해로 노를 저어
> 나아갈 것이니.
> 호라티우스

조롱이건 아니건, '소르본의 신학적 포도주'라거나 '소르본에서의 연회'라는 속담이 있는데,[3] 나는 그 대학 사람들이 오전 시간을 유익하고 진지하게 학문 연구에 바쳤으니 저녁 식사는 편안하고 즐겁게 하는 게 당연하다고 생각한다. 다른 시간을 유익하게 썼다는

---

2 헬레니즘 시대 그리스의 정치가, 역사가. 헤로도토스, 투키디데스와 함께 고대 그리스 3대 역사가로 꼽힌다. 로마가 세계적인 강대국으로 등장하는 과정을 서술한 《역사》(기원전 2세기경)를 저술했다.
3 소르본은 루이 9세의 고해 신부이며 신학자인 로베르 소르봉이 1250년대에 세운 '기숙학교collège'로 파리대학교의 상징이다.

생각은 식탁을 풍성하게 하는 정당하고도 맛있는 양념이다. 현자들은 다들 그렇게 살았다. 대 카토와 소 카토는 덕성에 있어서 누구도 흉내 낼 수 없는 놀라운 노력과 그악스러울 정도의 엄격함을 보여주었지만 인간 본성의 법칙, 비너스와 바쿠스[4]의 법칙에는 조용히 순종하며 그것을 즐겼다. 그들은 완전한 현자는 인생의 모든 다른 의무 수행과 쾌락의 향유에도 정통해야 한다는 그들 학파[5]의 가르침을 따랐던 것이다. "현명한 마음을 가진 자는 동시에 섬세한 미각을 가져야 한다."(키케로)

느긋한 마음과 사귐성 있는 태도는 강건하고 대범한 영혼의 명예를 놀라울 만큼 높여주며 또 그런 이에게 훨씬 잘 어울리는 것이다. 에파미논다스는 자기 도시의 젊은이들과 함께 춤추고 노래하고 악기를 연주하는 것이 자신이 거둔 찬란한 승리를 불명예스럽

---

4 비너스는 사랑과 아름다움을, 바쿠스는 술과 쾌락 또는 광기를 상징한다. 그리스 신화의 아프로디테와 디오니소스에 각각 호응하는 신이다.
5 스토아학파. 주요 인물로는 크뤼시포스, 세네카, 에픽테토스, 마르쿠스 아우렐리우스 등이 있다. 도시국가 중심의 정치적 삶을 강조한 플라톤이나 아리스토텔레스와 달리 개인의 행복과 세계시민적 삶을 중시했다.

게 하고 자기 안의 완벽하고 단정한 품성을 더럽힌다고 생각하지 않았다. 하늘에서 내려온 사람이라는 평판을 얻은 대 스키피오는 감탄이 나올 만큼 위대한 행적을 많이 남겼다. 그 가운데서도 나는 그가 라엘리우스와 함께 바닷가를 거닐며 무사태평하게 아이들처럼 조개껍데기를 줍거나 조약돌 놀이를 하며 즐거워하는 모습, 그리고 날씨가 나쁠 때에는 인간의 우악하고 저속한 행동들을 촌극으로 꾸미며 재미있어하거나, 머릿속은 한니발과 아프리카 공략 계획으로 꽉 차 있으면서 시칠리아의 여러 학교를 방문해 철학 수업을 듣다가 로마에 있는 정적들에게 무차별적 질투의 이빨을 드러낼 구실을 제공하기까지 한 모습이 더할 나위 없는 매력을 풍긴다고 생각한다.

소크라테스는 늙은 나이에도 불구하고 짬을 내어 춤을 추고 악기 연주를 배우면서 이것이야말로 시간을 잘 쓰고 있는 것이라 여겼다. 그의 됨됨이를 가늠하게 해주는 놀랄 만한 일이다. 소크라테스는 그리스 군대 전체가 눈앞에서 전투 준비를 하고 있는데, 어떤 심오한 생각에 사로잡혀 꼬박 하루 낮밤을 선 채로 보낸

적이 있었다. 그런가 하면, 알키비아데스가 적에게 포위당했을 때, 군대의 많은 용감한 용사 중 맨 먼저 달려가 자기 몸으로 그를 감싸고, 세차게 무기를 휘둘러 적군에게서 그를 구출한 적도 있었다. 델리움 전투에서는 말에서 떨어진 크세노폰을 일으켜 세워 구해주었다. 또 서른 명의 참주들이 하수인들을 시켜 테라메네스를 사형장으로 끌고 가고 있을 때, 이 불미스러운 광경에 격분하던 아테네 시민들 가운데 맨 먼저 테라메네스를 구하려 한 것도 소크라테스였다. 소크라테스를 따라나선 사람은 단 둘뿐이었지만 테라메네스 자신이 만류하기 전까지 소크라테스는 이 대담한 시도를 단념하지 않았다.

소크라테스는 자기가 열렬히 사랑하던 아름다운 여인의 구애를 받았을 때에도 필요한 경우에는 욕망을 극도로 절제하는 모습을 보여주었다. 그는 전쟁에서 탈것을 타지 않고 늘 걸어서 행군했고 맨발로 얼음을 밟았으며, 겨울이나 여름이나 같은 옷을 입었고, 그 어떤 동료보다 힘든 일을 잘 버텨냈으며, 연회에서도 보통 때와 다르지 않게 음식을 먹었다. 그는 이십팔 년 동안 변치 않는 얼굴로 굶주림과 가난, 자식들의 억지 투정과 아내의 등쌀을 견뎌냈고, 마지막에는 중상모략, 탄압, 감옥, 쇠사슬과 독배까지 견뎌냈다. 그러나 예의상 술 마시기 시합에 참여했을 때에도 군대 전체에서 가장 강한 모습을 보였고, 아이들과 개암 열매를 가지고 놀거나 목마를 타고 함께 도는 것을 흔쾌히 응하고 나선 것도 바로 이 사람이었다. 철학에서 말하길, 현자에게는 모든 행동이 똑같이 잘 어울리고 똑같이 그를 명예롭게 한다고 하지 않았던가. 우리는 인간의 완전성의 모델이자 형태 그 자체로 이 사람을 제시하는 일을 결코 게을리해서는 안 될 것이다.

충만하고 순수한 삶은 극히 드물다. 우리는 매일 형편없고 부실하고, 겨우 한 가지 면만 훌륭한 사례들을 제시하면서 우리의 교육에 피해를 입히고 있다. 그런 사례들은 오히려 우리를 퇴보시키며, 바로잡아주기는커녕 타락시킨다.

흔히 사람들은 잘못 생각하고 있다. 길의 가장자리를 따라 걷는 것은 넓게 트인 길 한복판을 걷는 것보다 훨씬 쉽다. 길의 가장자리가 경계나 멈춤 또는 안내의 표시가 되기 때문이다. 또한 학예(學藝)를 따르는 것은 자연을 따르는 것보다 훨씬 쉽다. 하지만 그것은 고귀하지도 않고, 가치 있지도 않다. 영혼의 위대함은 위로 올라가거나 앞으로 나아가는 것보다 자신의 자리를 찾고 그 자리에 있을 줄 아는 데 있다. 또한 모자람 없이 넉넉한 것을 위대한 것으로 간주하고, 비범함보다 평범함을 사랑함으로써 자신의 수준을 보여 준다. 인간으로서 자신의 모습을 잘 만드는 일만큼 아름답고 올바른 일은 없으며, 인생을 자연스럽게 살아가는 것만큼 어려운 학문은 없다. 우리의 병폐 중에서 가장 심각한 것은 우리의 존재를 경멸하는 것이다.

육체의 상태가 좋지 않을 때 그것이 영혼에까지 영향을 주지 않도록 영혼을 따로 떼어놓기를 원하는 자는 할 수만 있으면 과감하게 그렇게 해보는 것이 좋다. 그 외의 경우에는 반대로 영혼이 육체를 지지하고 지원해야 한다. 영혼이 육체의 자연스러운 쾌락에 가담하기를 거부하지 않고, 부부처럼 육체와 함께 즐기도록 해야 한다. 영혼이 육체보다 더 현명하다면 무분별 때문에 그 쾌락에 불쾌감이 섞이지 않도록 절제를 가해야 할 것이다. 무절제는 쾌락에 치명적인 페스트이지만, 절제는 큰 피해를 주는 재앙이 아니라 맛을 더하는 양념이다. 쾌락을 최고선으로 여긴 에우독소스와, 쾌락에 아주 높은 가치를 두었던 그의 동료들은 독특하고 모범적인 절제를 통해 쾌락의 가장 감미로운 형태를 맛보았다.

나는 내 영혼에 고통과 쾌락을 똑같이 절제된 눈으로 바라보라고 명한다. "영혼이 희열 속에서 부푸는 것은 고통 속에서 작아지는 것만큼이나 잘못된 일이다."(키케로) 그 둘을 똑같이 확고부동한 시선으로 바라보라고, 그러나 고통은 유쾌하게 쾌락은 엄격하게 바라보라고, 그래서 가능한 한 고통은 줄이고 쾌락은 최대로 키우라고 명한다. 선행을 건전한 눈으로 바라보면 악행도 건전한 눈으로 바라보게 된다. 고통은 초기에 피하기 어려운 뭔가를 담고 있다. 정도가 약하기 때문이다. 쾌락은 끝 무렵에 피하기 어려운 뭔가를 담고 있다. 정도가 지나치기 때문이다. 플라톤은 이 두 가지를 하나로 묶어 생각해서, 고통에 맞서 싸우는 것과 쾌락의 지나치리만큼 매혹적인 유혹과 싸우는 것이 똑같은 용기의 임무라고 보았다. 고통과 쾌락은 두 개의 샘물이어서, 국가든 사람이든 짐승이든 샘물이 있는 알맞은 장소에서 알맞은 때에 알맞은 양의 물을 길어낼 수 있는 자는 행복한 자이다. 전자는 처방에 의해 필요에 따라 아껴서 사용해야 하며, 후자는 목이 마를 때, 그러나 취하지 않을 만큼 사용해야 한다. 고통, 쾌락, 사랑, 증오는 어린아이가 맨 처음 느끼는 것들이다. 어린아이에게 이성이 생겨나 그것을 기준으로 삼게 되면 그것이 곧 덕성이다.

나는 지극히 사적인 '어휘 사전' 같은 것을 가지고 있다. 나는 날씨가 나쁘거나 불쾌하면 시간을 '통과'시킨다. 그러나 날씨가 좋을 때는 시간을 '통과'시키지 않는다. 시간을 몇 번이고 맛보고, 그 시간에 멈춰 있다. 나쁜 시간은 통과시키고 좋은 시간은 붙잡아야 한다. '심심풀이'와 '시간을 보내다'라는 통상적인 표현은 자기 자신이 현명하다고 으스대는 사람들이 따르는 삶의 방식을 잘 보여준다. 그들은 자신의 인생을 흘러가게 하고 지나가게 하며 인생에서 벗어나고 인생을 교묘하게 피하고 가능한 한 인생을 무시하며 그로부터 달아나는 것만큼 멋진 삶의 방식은 없다고 생각한다. 마치 인생이란 고달프고 경멸해야 하는 것인 양. 그러나 나는 인생이란 결코 그런 것이 아니라 소중한 것, 유쾌한 것이라고 생각한다. 현재 내가 위치한 인생의 이 후반부에서도 그렇게 생각한다. 자연은 여러 가지 호의적인 장치를 곁들여서 우리에게 인생을 넘겨주었다. 그러므로 만약 인생이 우리에게 짐이 되거나 우리에게서 헛되이 빠져나간다면, 우리는 우리 자신을 탓할 수밖에 없다. "어리석은 자의 인생은 기쁨이 없고 흥분해 있으며 온통 미래로 향해 있다."(세네카) 나는 후회 없이 인생을 떠날 수 있도록 마음의 준비를 하고 있다. 그러나 그렇게 되도록 만들어져 있기 때문에 인생을 잃는 것이지, 고통스럽고 성가셔서 인생을 잃는 것은 아니다. 불쾌하지 않게 죽는 것은 인생을 즐기는 사람들에게만 어울리는 것이다. 인생을 즐기려면 노력을 해야 한다. 나는 다른 사람들보다 두 배로 인생을 즐기고 있다. 왜냐하면 즐거움의 정도는 많든 적든 우리가 쏟는 열의에 달려 있기 때문이다. 내 인생이 별로 길지 않다는 것을 알고 있는 지금, 나는 인생의 무게를 늘려가려고 생각한다. 빠르게 달아나는 인생을 재빠르게 파악해서 붙들고, 분주하게 흘러가는 인생을 힘차게 향유함으로써 보충해나가려고 한다. 내가 가진 인생이 짧아지면 짧아질수록 인생을 더욱 심오하고 충만하게 만들어야 하는 것이다.

다른 사람들은 만족과 번영에서 달콤함을 느낀다. 나 역시 그것을 느끼지만, 그 위를 달리거나 미끄러지면서 느끼지는 않는다. 우리는 그것을 살펴보고 음미하고 조용히 생각하고, 그것을 허락해주신 신에게 합당한 감사를 바치지 않으면 안 된다. 사람들은 수면의 쾌락을 즐기는 것처럼 다른 쾌락을 즐긴다. 그 사실을 인식하지 못한 채로 말이다. 한때 나는 어리석게도, 수면조차도 내가 모르는 사이에 달아나 버리지 않도록 누가 내 수면을 방해해도 좋겠다고 생각한 적이 있었다. 수면을 살짝 엿보고 싶었던 것이다.

나는 나의 어떤 만족에 대해서도 깊이 생각하고 연구한다. 표면만 스치는 것이 아니라 밑바닥까지 뒤져 속상해하고 까다로워진 이성을 달래서 그것을 받아들이게 한다. 내가 비교적 평온한 상태에 있을 때는 어떻게 하는가? 나를 기분 좋게 자극하는 어떤 쾌락이 있으면? 나는 감각이 그 쾌락을 독차지하게 내버려두지 않고 영혼도 한몫 끼게 해준다. 영혼이 쾌락에 속박되게 하기 위해서가 아니라, 즐기게 해주기 위해서다. 거기에서 자신을 잃어버리게 하기 위해서가 아니라, 자신을 찾아내도록 하기 위해서다.

 나는 영혼이 번성하고 영화로운 상태에 있는 자기 모습을 바라보고, 그 행복을 고찰하고 존중하고 증폭시키게 만든다. 그리하여 영혼은 자신의 양심이나 내적 정념들이 평정 상태에 있고, 육체가 자연적 상태에서 감미롭고 유쾌한 기능들을 정상적으로 적절하게 즐기고 있는 것이 신의 얼마나 큰 은혜인지를 헤아리게 된다. 신은 정의를 위해 우리를 고통으로 벌하시지만 고통에 대한 보상으로 은혜를 베풀어 육체가 그 기능들을 즐기게 해준다. 또한 영혼은 어디를 둘러보아도 항상 주위에 고요한 하늘이 있고, 어떤 욕망이나 공포나 의심도 이 하늘의 공기를 탁하게 하지 않으며, 과거나 현재나 미래의 생각 어디를 더듬어도 쓰라린 구석 하나 없는 상태에 자신이 있다는 것을 무척 다행으로 생각하게 된다.

　내가 여기서 하고자 하는 말은, 나의 처지나 상황을 다른 사람과 비교해보면 그 차이가 확연히 드러난다는 것이다. 그래서 나는 운명이나 자신들의 과오로 말미암아 곤경에 빠져 허덕이는 사람들, 그리고 또 나와 매우 비슷한 처지이지만 자신들의 행운을 무기력하고 무덤덤하게 받아들이는 사람들을 여러 가지 모습으로 떠올려본다. 이런 사람들이야말로 자신들의 시간을 '보내고' 있는 사람들이다. 그들은 지금의 시간과 지금 자신들이 소유하고 있는 것을 제쳐두고, 희망의 노예가 되어서 환상이 그들 앞에 그려 보이는 그림자와 헛된 형상을 좇고 있다. 마치,

소위 죽은 뒤에도 떠돌아다닌다고 하는 유령들처럼,
또는 졸고 있는 우리의 감각을 속이는 꿈처럼.
베르길리우스

　이것들은 우리가 쫓아가면 갈수록 더 빨리 더 멀리 달아난다. 그들이 추구하는 결과와 목표는 추구하

는 것 그 자체이다. 알렉산드로스 대왕이 자신이 일을 하는 목적은 일하는 것 자체라고 말한 것과 같다.

해야 할 일이 남아 있는 한,
아무 일도 하지 않은 것처럼 생각하니
루카누스

따라서 나는 신이 나에게 주신 그대로의 인생을 사랑하고 그것을 손질하고 보살핀다. 나는 인간이 먹고 마실 필요가 없었더라면 좋았을 거라고는 생각지 않는다. 하지만 두 배로 먹고 마시면 좋겠다고 바라는 것도 역시 받아들이기 어려운 잘못이라고 생각한다. "현자는 자연이 마련해준 부富를 열렬히 탐구하는 자이다."(세네카) 나는 에피메니데스가 음식을 먹지 않고 목숨을 유지하기 위해 먹었다는 그 약을 우리 입속에 조금씩 넣어서 생명을 유지하고 싶은 마음이 전혀 없다. 어처구니없게도 손가락이나 발뒤꿈치를 통해서 아이를 만드는 것도 원치 않는다. 실례가 될 수 있는 말이지만 손가락이나 발뒤꿈치를 통해서라도 쾌감을 느끼며 만들었으면 한다. 나는 또한 육체가 욕망도 쾌감도 느끼지 않았으면 좋겠다고 생각지도 않는다. 그런 것은 배은망덕하고 이치에 맞지 않는 불평이다. 나는 자연이 나를 위해 만들어준 것을 진심으로 감사하면서 받아들이며, 그것을 즐기고 나 자신이 그렇게 하는 것을 기뻐하며 자랑스럽게 생각한다. 이 위대하고 전능한 증여자의 선물을 거부하고 망가뜨리거나 왜곡하는 것은 잘못이다. 그는 모든 점에서 선善이기 때문에 모든 것을 선하게 만들었다. "자연의 섭리에 따르는 모든 것은 존중받을 만한 가치가 있다."(키케로)

나는 철학의 여러 가지 학설 가운데 가장 견고한 것, 즉 가장 인간적이고 우리에게 어울리는 것을 믿고 따른다. 내 의견은 내 생활 방식에 어울리게 지극히 평범하고 소박하다. 철학이 한껏 고자세로 우리에게 "신성한 것과 현세적인 것, 이성적인 것과 비이성적인 것, 엄격한 것과 관대한 것, 고상한 것과 천박한 것을 결합시키는 것은 야만적"이라고 말하거나 "쾌락은 짐승의 특질이기에 현자가 맛볼 가치가 없다. 현자가 젊고 아름다운 아내한테서 얻는 쾌락은 유익한 목적을 위해 말을 타고 여행을 떠날 때 장화를 신듯이 자신이 질서 있는 행위를 하고 있다고 의식하는 데서 오는 종류의 쾌락밖에 없다."라고 말하는 것은 내가 보기에 너무 유치한 것 같다. 이런 철학을 추종하는 무리에게는 제 아내와 첫날밤을 보낼 때에도 철학에서 가르치는 것 이상의 권한이나 기력이나 정력을 발휘하지 못하게 하는 것이 좋다.

철학의 스승이며 우리의 스승인 소크라테스는 그렇게 가르치지 않았다. 그는 육체의 쾌락을 마땅히 누려야 할 것으로 평가하면서도 정신의 쾌락이 더 강력하고 한결같고 만만하고 다채롭고 품위가 있기 때문에 이것을 더 좋아한다고 말한다. 그에 따르면, 정신의 쾌락은 결코 혼자서 모든 것을 차지하는 것이 아니라(그는 그 정도로 현실감이 없지는 않다) 다만 맨 앞에 서 있을 뿐이다. 소크라테스에게 절제는 쾌락의 조절자이지 적대자는 아니다.

자연은 상냥한 안내자이지만, 그에 못지않게 사려 깊고 공정한 안내자다. "사물의 본질 속으로 파고들어가 그것이 무엇을 요구하고 있는가를 제대로 확인해야 한다."(키케로) 나는 도처에서 자연의 흔적을 찾는다. 우리가 인위적인 발자국으로 그것을 흩뜨려버렸기 때문이다. 아카데미아학파[6]와 페리파토스학파[7]는 자연에 따라 사는 것을 '최고선'으로 보았는데 그 때문에 자연을 규정하고 설명하기가 더 어려워졌다. 스토아학파의 최고선도 이 두 학파의 최고선과 비슷한 것으로 자연에 찬동하는 것이다. 어떤 행위가 우리의 생존에 필요하다고 해서 그것을 품위 없는 것으로 간주하는 것은 잘못이 아닐까. 그래서 나는 쾌락과 필요성의 결혼이야말로 지극히 어울리는 결혼이라는 생각을 머릿속에서 떨쳐버릴 수가 없다. 옛날에 살았던 어떤 사람이 말했듯이 신들은 필요성과는 맞서 싸우는 일이 결코 없었다.[8] 무엇 때문에 우리는 한 형제처럼 밀접하게 연관되어 짜인 구조물을 억지로 뜯어서 헤쳐놓

---

[6] 기원전 387년에 플라톤이 세운 학교인 아카데미아에서 유래한 학파.
[7] 기원전 355년에 아리스토텔레스가 그리스 아테네에 세운 학원. 학원 안의 나무 사이를 '산책'하며 강의하던 습관 때문에 아리스토텔레스의 학파를 페리파토스학파(소요학파)라고 불렀다.
[8] 플라톤의 《법률》 제7권 818 b. 그리스 서정시인 시모니데스의 시구와도 일치한다.

으려고 하는가? 오히려 이 둘을 서로 돌보도록 맺어주자. 정신이 육체의 둔중함을 깨워서 활기차게 하고, 육체는 정신의 경박함을 붙들어 매어둘 일이다. "영혼을 최고선으로 칭송하고 육체를 악으로 비난하는 자는 분명히 영혼을 육체적으로 탐하면서 육체를 피하고 있는 것인데, 이것은 신적 진실에 따라 생각하지 않고 인간의 허영에 따라서 생각하기 때문이다."(아우구스티누스)[9] 신이 우리에게 주신 선물 가운데 우리가 관심을 가질 가치가 없는 것은 하나도 없다. 우리는 머리칼 한 올까지도 신에게 빚지고 있다. 인간을 인간이 본디부터 가진 성질에 따라 이끌어 지도하라고 하는 것은 단순히 형식적으로 인간에게 주어진 과업이 아니다. 그것은 명백하고 자연적이고 지극히 중요하며, 조물주가 진지하고 엄숙하게 우리에게 맡긴 과업이다. 평범한 사고 능력을 가진 사람에게는 오직 권위만이 힘을 발휘할 수 있다. 권위는 외국어로 표현될 때 더 무게를 지닌다. 여기서 다시 한번 그 증거를 제시해 보

---

9 《신국론》 제14권 5장.

기로 하자. "해야 할 일을 성의 없이 투덜거리면서 하고, 육체와 영혼을 서로 다른 방향으로 보내며, 상반된 두 움직임 사이에서 나뉘어 쪼개져 사는 것이야말로 어리석음의 특질이 아닌가?"(세네카)

한번 시험 삼아 그런 사람이 머릿속에 갖고 있는 생각이나 심심풀이를 당신 앞에서 말하게 해보라. 그 때문에 맛있는 식사도 뒷전으로 미루고 음식을 먹는 시간마저 아까워하고 있는 형편이다. 당신은 당신의 식탁에 놓여 있는 어떤 요리도 그가 자신의 영혼과 나누었다는 아름다운 이야기보다 맛없지 않다는 점을 알게 될 것이다(대개 그런 이야기는 밤새워 따라가려 애쓰느니 푹 자는 편이 낫다). 그리고 그의 의견이나 의도라는 것이 당신의 스튜만도 못하다는 사실을 알게 될 것이다. 설령 그가 말하는 것들이 아르키메데스가 느낀 황홀경[10] 같은 것이라 한들 무슨 소용이 있겠는가?

---

10 그리스의 학자이자 발명가였던 아르키메데스는 목욕탕에서 욕조의 물이 흘러넘치는 것을 보고 물체의 부피를 측정할 수 있는 방법을 깨달았다고 한다. 그는 너무 기쁜 나머지 "유레카"를 외치며 벌거벗은 채 욕조에서 뛰어나와 펄쩍펄쩍 춤을 췄다고 하는데, 이런 깨달음을 학자들이 맛보는 황홀경에 빗대어 표현한 것이다.

나는 여기서 신앙심과 종교적 열정으로 천상의 일에 대해 끊임없이 지극정성으로 명상하는 그런 존엄한 사람들에 대해서는 언급하지 않겠다. 또한 그들을 우리처럼 어린애 같은 인간들과 동일시하거나 그들의 명상을 우리의 마음을 위로해주는 헛된 욕망이나 상념들과 혼동하지도 않겠다. 그들은 늘 강렬하게 살아 꿈틀거리는 희망의 힘으로 기독교인의 최종 목표이자 종착점이며 부패하거나 화변化變하지 않는 유일의 쾌락인 저 영원한 양식을 미리 맛보고 있으니, 초라하고 유동적이며 애매한 우리의 안락 따위는 거들떠보지도 않으려고 하며, 감각적이고 세속적인 양식을 마련하고 사용하는 일은 육체에 손쉽게 맡겨버린다. 선택받은 영혼들이 애써 노력하는 것이 바로 그런 것이다. 우리끼리니까 하는 말이지만, 나는 가장 거룩한 사상과 가장 현세적인 행실이 묘하게 조화를 이루는 사람을 자주 보았다.

저 위대한 아이소포스[11]는 자기 주인이 걸으면서 오줌을 누는 모습을 보고, "아니, 이러다가는 우리도 달리면서 똥을 싸야 할 판인데?" 하고 말했다. 시간을 함부로 쓰지 않도록 주의하자. 우리에게는 여전히 쓸데없이 허비하는 시간, 잘못 사용되는 시간이 많다. 우리의 정신은 자기 일을 하기에 시간이 충분하지 않다고 생각한다. 자기 요구를 채우는 데 필요한 약간의 틈마저 육체에서 분리되어야 한다고 생각하는 것이다.

철학자들은 자기한테서 벗어나려고 하고, 인간에게서 도망치고 싶어 한다. 어처구니없는 짓이다. 천사로 변신하려다가 짐승이 되기 십상이다. 높이 오르려다 오히려 바닥으로 떨어진다. 그들의 초월적 태도는 접근할 수 없는 저 높은 곳들이 그렇듯 나를 오싹하게 한다. 소크라테스의 생애에서 그의 황홀경이나 정령들[12]에 대한 이야기가 이해하기 어려운 대목인 만큼, 플라톤의 경우에 사람들이 그를 '신적인 존재'라고 부르는 자질처럼 인간적인 것도 없다.

---

11 그리스의 우화 작가. 오늘날에는 이솝(아이소포스의 영어식 이름)으로 더 잘 알려져 있다. 그리스 사모스 왕의 노예였는데 우화를 재미있게 이야기하여 해방되었다. 작품으로 우화집 《이솝 이야기》가 있다.
12 소크라테스와 멜레토스의 반대 심문에서 언급된 표현이다. 정령daimōn은 본래 신, 특히 어떤 신인지 불분명한 신을 가리키는 용어였으나 고대 그리스의 시인 헤시오도스의 《노동과 나날》에는 황금시대 사람들의 영혼도 '정령daimones'으로 일컬어지고 있다.

우리의 학문 중에서 가장 높이 올라간 학문이 나에게는 가장 비천하고 세속적으로 보인다. 나는 알렉산드로스 대왕의 생애에서 그가 자신을 불멸의 존재로 만들려고 한 착상만큼 변변찮고 치명적인 것도 없다고 생각한다. 필로타스[13]는 회답으로 보낸 서신에서 대왕을 유쾌하게 꼬집었다. 그는 알렉산드로스를 신의 반열에 오르게 한 유피테르 암몬[14]의 신탁을 기꺼운 마음으로 받아들인다고 하면서 다음과 같이 적었다. "당신을 위해서는 무척 기쁜 일입니다. 그러나 인간의 척도에 만족하지 않고 그것을 초월하고자 하는 인간과 함께 살아야 하며 그에게 복종하지 않으면 안 될 우리에게는 한탄을 금하지 못할 일입니다." "그대는 신들에게 복종함으로써 세상을 지배하고 있는 것이다."(호라티우스)

---

13 알렉산드로스 대왕을 가장 오래 수행한 장군 중 한 명이며, 마케도니아 기마군단의 총사령관이었다. 동방 원정에 종군하던 중 필로타스가 알렉산드로스의 전제군주적인 행위를 비판하자 마케도니아군 사이에서 그가 모반을 꾀한다는 소문이 났다. 결국 필로타스는 알렉산드로스를 암살하려 했다는 누명을 쓰고 처형되었다.
14 로마 신화에 나오는 최고의 신 유피테르의 이집트식 별칭이다. 유피테르는 그리스 신화의 제우스에 해당한다.

아테네인들이 폼페이우스의 아테네 방문에 경의를 표하기 위해 적은 고상한 문구는 내 생각과 일치한다.

그대는 그대 자신을 인간으로 인정하니
그만큼 그대는 신이로다.
플루타르코스

자기 존재를 있는 그대로 누리는 것이야말로 절대적인 완성이며, 신적인 완성이다. 우리는 자신의 처지를 이해하려고 노력하지 않기 때문에 남의 처지를 탐하며, 자신의 내부에서 무슨 일이 벌어지고 있는지 모르기 때문에 자기 밖으로 나가려 한다. 죽마를 타봤자 부질없는 노릇이다. 죽마를 타면서도 우리는 역시 자신의 발로 걸어야 한다. 또 세상에서 가장 높은 자리에 오른다 해도 자기 엉덩이로 앉기는 매한가지다.

내가 보기에 가장 아름다운 삶은 보편적이고 인간적인 본보기를 따르는 삶, 질서가 있으면서 특별함도 괴상함도 없는 보통의 삶이다. 그런데 노년은 좀 더 상냥하게 대접받을 필요가 있다. 그러니 건강과 지혜의 수호신에게 쾌활하고 사교적인 지혜를 기원하도록 하자.

> 라토나의 아들[15]이여, 내가 얻은 행복을
> 건강한 몸과 온전한 정신으로
> 누릴 수 있게 해주소서,
> 내 노년이 수치스럽지 않게 해주시고,
> 리라도 계속 켤 수 있게 해주소서.
>
> 호라티우스

---

15 아폴로(그리스 신화의 아폴론). 유피테르(제우스)와 티탄족의 여신 라토나(레토)의 아들로 예언, 의료, 궁술, 음악, 시의 신이며 광명의 신이기도 하다.

해설

죽음의 철학에서 삶의 철학으로

고봉만

〈미셸 드 몽테뉴의 초상화, 반신상, 오른쪽으로 3/4 방향〉(판화), 1592

《수상록》(원제《에세Les Essais》)의 저자로 잘 알려진 미셸 에켐 드 몽테뉴Michel Eyquem de Montaigne는 1533년에 태어나 1592년에 죽었다. 그가 살던 시대는 증오와 잔혹, 살육과 파괴가 난무했다. 전쟁으로 온 나라가 피폐해졌고, 질병과 부상으로 온 국민이 타격을 입었다. 종교 간의 대립과 충돌이 유럽 전역에서 맹위를 떨쳤다. 몽테뉴가 서른 살이 되기 직전인 1562년, 바시Vassy에서 신교도 학살 사건이 일어났고, 이것이 발단이 되어 프랑스 국내에 '위그노 전쟁'이라고 불리는 종교전쟁이 오래도록 지속되었다.

《수상록》을 집필 중이던 1572년 여름에는 '성 바

르톨로메오 축일의 학살' 사건이 일어났다. 파리에서 약 3000명의 신교도가 죽었고, 전국적으로 구교도의 손에 학살당한 신교도 희생자 수가 1만에서 3만 명에 이르러, 삼십여 년간 계속된 프랑스 종교 전쟁 중에 벌어진 가장 악명 높은 사건으로 꼽힌다. 몽테뉴는 인생의 절반 이상을 전쟁 속에서 보냈고, 그는 이 기간을 두고 프랑스가 "혼란스럽고 병든 상태"에 있다고 기록했다.

> 내전이 다른 전쟁들보다 더 나쁜 이유는 각자가 자기 집에 보초를 세워둬야 하기 때문이다. 내가 살고 있는 집이 생명을 맡기기에 더 이상 안전치 못해서 스스로 문과 벽에 둘러싸여 지내야 한다니, 이 얼마나 슬픈 일인가! 제 가정의 살림살이와 휴식마저 공격당하다니, 이것은 최악의 불행이다. 내가 살고 있는 고장은 생긴 이래로 지금까지 줄곧 혼란의 소용돌이에 휩싸여 온전한 평화의 모습이라는 것을 단 한 번도 보여주지 않았다. (제3권 9장)

내전으로 인해 사회 질서는 무너졌고, 사람들 간의 신뢰에도 금이 갔다. 누가 친구인지 누가 적인지 구분할 수 없고, 적뿐 아니라 자기편도 무서워해야 하는 세상이 되었다. 프랑스 안에서 벌어지는 싸움을 지켜보면서 몽테뉴는 이렇게 물었다. "이 세상의 체계가 해체되고 종말이 코앞에 다가왔다고 부르짖지 않을 사람이 과연 어디 있을까?" 동정심이나 동포애가 비웃음거리가 된 세상에서 인간의 행동은 더 이상 예측할 수 없게 되었다. "우리는 암흑과 절망의 싸움터에서 방황할 뿐이다."

오늘 밤에 누가 나를 배신해 죽일지도 모르고, 내일 아침에 눈을 떴을 때 자신이 자유의 몸일지 확신할 수도 없었다. 자기 집을 빼앗으려는 적에게 대항하여 싸워야 할까, 아니면 항복해야 할까? 어떻게 처신하는 게 좋은지 도무지 알 길이 없다. 이 '해괴한' 전쟁터에서 죽음은 예삿일이 되었다. 매 순간 저승 문턱에서 오락가락했고, 이승을 뜨게 될까 두려워 하루하루를 가슴 졸였다.

당대의 많은 철학자들처럼 몽테뉴도 죽음에 집착했다. 친구들과 어울릴 때나 여자들과 향락거리에 둘러싸여 보낸 방탕한 시절에도 그의 머리를 가득 채우고 있던 것은 오로지 죽음에 대한 생각이었다. 몽테뉴를 탓할 순 없다. 16세기 프랑스에 죽음은 어디에나 있었다. 몽테뉴가 고대 철학자들의 책에 몰두한 것도 그런 시대적 상황과 무관하지 않을 것이다. 죽음은 고대 철학자들이 관찰과 천착을 거듭한 주제였다. 로마의 정치가이자 철학자 키케로는 고대 철학자들의 신조를 간결하고 날카롭게 표현했다. "철학이란 어떻게 죽을 것인가를 배우는 것이다." 몽테뉴는 이 경구를 《수상록》 중 한 장(제1권 19장)의 제목으로 쓰기도 했다.

몽테뉴는 이 글에서 "죽음은 얼마나 기습적으로 다가오는가."라고 묻는다. 브르타뉴 공작은 클레멘스 교황이 리옹에 입성할 때 군중에 치여 압사했고, 프랑스 왕 앙리 2세는 창술 시합을 하다가 죽었고, 루이 6세의 장남 필리프는 성난 돼지에 받힌 말에서 떨어져 죽었다. 고대 그리스의 작가 아이스킬로스는 집이 무너져 죽는다는 예언에 질겁하여 옥외에서 살았건만, 하늘을 날던 독수리가 떨어뜨린 거북 등껍질에 맞아 죽었다. 포도씨가 목에 걸려 죽은 사람도 있고, 머리를 빗을 때 긁힌 상처 때문에 죽은 사람도 있다. 로마인 아우피디우스는 원로원 회의실에 들어가다가 문에 부딪혀 죽었다. 어느 누가 이렇게 죽으리라고 미리 짐작조차 했겠는가? 로마의 시인 프로테르티우스의 말은 결코 과장이 아니었다. "제아무리 신중하게 철과 청동으로 몸을 지켜도 죽음은 그대의 머리를 투구 밖으로 끌어낼 것이니."

그리고 몽테뉴는 화제를 가족으로 돌려, 죄드폼 시합을 하다가 죽은 남동생 아르노의 충격적인 죽음을 전한다.

여기에 내 가정사를 덧붙이자면, 내 동생 가운데 생마르탱 대위는 스물세 살에 이미 명성을 떨치고 있었지만, 죄드폼 경기를 하다가 공에 오른쪽 귀 윗부분을 맞았다. 멍이 들거나 상처를 입지는 않았다. 외견상으로는 멀쩡해 잠시 앉지도 쉬지도 않았지만, 공에 맞은 것이 원인이 되어 대여섯 시간 뒤에 뇌졸중으로 죽었다. 이런 일들이 예사로 우리 눈앞에서 벌어지는데 어떻게 우리가 죽음을 생각하지 않을 수 있으며, 어떻게 죽음이 끊임없이 우리에게 덫을 놓고 있다는 생각을 떨쳐버릴 수 있단 말인가? (제1권 19장)

몽테뉴는 《수상록》을 쓰기 시작한 39세에 이미 살날이 얼마 남지 않았다고 생각했다. 그 당시 사람들이 생존할 것으로 기대한 수명은 33세였다. 몽테뉴는 삼십 대를 보내면서 자신이 이미 피할 수도, 미룰 수도 없는 쇠퇴기에 접어들었다고 생각한 것이다.

참으로 어리석다, 당신은. 누가 당신 인생의 끝을 정했는가? 당신은 의사들의 말을 곧이곧대로 믿고 있다. 차라리 사실과 경험을 직시하라. 사물의 변화 양상에 비추어보면 당신은 이미 놀라운 은덕으로 오랫동안 살고 있다. 당신은 이미 일반인의 수명을 넘겼다. 의심스럽다면 당신이 알고 있는 사람들 중에 당신 나이에 채 이르지 못하고 죽은 사람의 수가 당신 나이를 넘긴 사람의 수보다 얼마만큼 많은지 헤아려보

라. 그리고 명성으로 자신의 삶을 고귀하게 한 이들의 명단을 작성해보라. 장담하건대, 당신은 서른다섯 살을 넘어 산 사람보다 그 이전에 죽은 사람이 더 많다는 사실에 직면하게 될 것이다. (제1권 19장)

몽테뉴는 "늙어서 쇠약해 죽는 것은 드물고 특이하고 아주 놀랄 만한 죽음이며, 따라서 다른 죽음보다 비정상적인 죽음"이라고 결론지었다. 아울러 사람이 세상에 태어나는 것은 결국 이 세상에 죽음 하나를 내놓는 일일 뿐이라며 한탄했다. 16세기에는 어린이 중 절반가량이 유아기에 죽었는데, 그 주된 원인은 세균에 의한 감염이었다. 몽테뉴는 사 년 동안 노력한 끝에 첫딸을 얻었으나 이내 아이를 잃고 말았다.

1570년 6월 28일, 프랑수아즈 드 라 샤세뉴와 나 사이에 딸이 태어났다. 나의 어머니와 장인인 드 라 샤세뉴 법원장은 우리 아이에게 투아네트Thoinette라는 이름을 지어주었다. 그 아이는 우리 부부 사이에 태어난 첫 아이였으나, 두 달 후에 죽었다.[1]

그 후 13년간 몽테뉴는 네 아이의 죽음을 기록으로 남겨야 했다. 1573년 7월 5일에 태어난 안Anne은 7주 만에 죽었다. 1574년 12월 27일에 태어난 딸은 이름도 얻지 못한 채 석 달 만에 죽었다. 또 딸이 태어났으나 역시 이름을 갖지 못하고 1577년 5월 16일에 죽었다. 끝으로 1583년 2월 21일에 태어난 마리Marie는 단 며칠밖에 살지 못했다. 1571년 9월 9일에 태어난 레오노르Leonor만이 유아기를 무사히 보내고 어른으로 성장했다. "내 아이들은 모두 젖먹이 때 죽었다."라고 씁쓸하게 자신의 글 행간에 적어 넣은 몽테뉴의 심정을 이해할 만하다.

사실 그전에도 몽테뉴는 둘도 없는 친구 에티엔 드 라 보에시Etienne de La Boetie(1530-1563)를 떠나보낸 뒤 큰 고통을 겪은 바 있었다. 라 보에시가 결핵으로 서른두 살에 세상을 떠났을 때 몽테뉴는 "나 자신이 반으로

---

1 몽테뉴는 보르도 고등법원 재판관의 딸 프랑수아즈 드 라 샤세뉴Francoise de la Chassaigne(1545-1602)와 결혼해서 딸 여섯을 낳았지만, 한 명을 제외하고는 모두 일찍 죽었다. 몽테뉴의 가내사家內事 일기(라틴어 제목은 "Ephemeris historica"). *Beuther annoté par Montaigne et ses successeurs*, Édition selon trois modes successifs par Alain Legros.

쪼개지는 듯한 고통"을 느꼈다고 적었다. 몽테뉴는 라 보에시를 1558년 무렵에 처음 만났는데, 이 우정의 기억은 그가 죽을 때까지 계속 살아 있었다. 몽테뉴는 이렇게 썼다. "우리의 영혼은 완벽하게 서로 어우러지고 뒤섞여 두 사람을 결합한 이음새가 지워져서 눈에 보이지 않을 정도였다." 몽테뉴는 자신의 책 여백에 이런 글을 남기기도 했다. "누군가가, 당신은 왜 그를 사랑했느냐고 묻는다면, 나는 '그가 그였고, 내가 나였기 때문'이라고 대답하는 것 외에는 달리 대답할 수 없을 것이다."

라 보에시의 죽음은 몽테뉴가 가장 가까이에서 지켜본 죽음이었다. 그가 마음 깊이 사랑했던 사람의 죽음으로서는 처음 맞이한 죽음이었을 것이다. 몽테뉴는 〈이미 고인이 된 라 보에시의 병과 죽음을 보며 느낀 특별한 점에 대해〉라는 제목으로 죽음을 앞둔 친구의 모습을 아버지에게 상세하게 적어 보냈다. 라 보에시는 임종을 앞두고 이렇게 말했다. "나는 지금 모든 것이 마구 뒤섞여 엉망이 되어버린 혼돈의 한복판에 있는 것 같네. 모든 것이 짙은 구름이나 어두운 안

몽테뉴와 에티엔 드 라 보에시

개 속에 잠겨 있는 듯하네. 하지만 그래도 불쾌한 느낌은 들지 않는군." 이에 대해 몽테뉴가 "죽음은 그보다 더 괴로운 건 아닐세." 하고 말하자, 라 보에시는 "아니 그렇게 나쁜 것도 아니야." 하고 대답했다. 그러나 죽음이 다가오자, 라 보에시는 친구에게 이상한 부탁을 하기 시작했다. 몽테뉴는 그 장면을 이렇게 전한다.

그는 더할 수 없이 극진한 사랑을 표현하면서 자기 자리를 마련해달라고 애처롭게 사정하고 또 사정했다. 나는 그의 판단력이 흔들리지 않을까 걱정스러웠다. 병에 휘둘려 그런 종잡을 수 없는 말을 하는 건 건전한 정신을 지닌 그가 보여줄 태도가 아니라며 부드럽게 타일렀으나, 그는 내 말을 듣는 둥 마는 둥 하더니 목청 높여 말했다. "내 형제여, 내 형제여, 내게 머물 자리를 주지 않으려고 하는가?" 나는 그가 숨을 쉬고 있고, 말을 하고 있고, 육신이 있으니 머물 자리가 있을 것이라고 차근차근 설명해나가며 그를 안심시키려고 애썼다. 그러자 그는 이렇게 대답했다. "맞아. 자네 말이 맞아. 내게도 머물 자리가 있네. 하지만

그건 내가 원하는 자리가 아니야. 결국, 내겐 아무것도 남은 게 없네.[2]

1563년 8월, 친구 라 보에시를 잃은 몽테뉴의 삶은 "안개에 싸인 컴컴하고 지리멸렬한 밤"으로 변했다. 슬픔 때문에 살아갈 기력을 잃고, 오래도록 허우적거리며 고통을 겪었다. 처음에는 서재에 틀어박혀 라 보에시가 물려준 책들에 빠져들었다. 그가 가장 소중하게 생각하던 친구의 유품 속에 자신이 머물 공간을 만들어본 것이다. 그러고 나서 몽테뉴는 친구의 죽음을 기억나는 대로 글로 옮기고 작별 인사를 적으면서 자신과의 대화를 시작했다. 몽테뉴는 라보에시의 글도 모아서 출판하려고 준비했다. 끝으로 그는 공직에서 물러나면서 친구를 잃은 상실감을 새로운 삶으로 전환할 원동력으로 삼았다. 훗날 몽테뉴는 라보에시 외에 편지 쓸 친구가 한 명이라도 있었더라면 《수상

---

[2] *Lettre a son pere sur la mort d'Etienne de La Boetie*, Paris, Le Promeneur, Gallimard, 2012, p. 87.

록》을 쓰지 않았을 것이라고 밝혔다. "그러니 우리가 《수상록》을 읽을 수 있는 건 라 보에시 덕분이다. 우선은 그의 존재 덕분이고, 다음으로는 그의 부재 덕분이다."[3]

친구와 아버지[4]와 동생의 죽음 이후 몽테뉴 자신도 실존적인 위기를 겪게 된다. 낙마 사고로 죽을 고비를 겪은 것이다. 1569년이나 1570년 초, 어느 날 몽테뉴가 말을 타고 가는데 누군가가 그에게 돌진하여 부딪혔다. 몽테뉴는 타고 가던 말에서 떨어져 의식을 잃었고 부상을 크게 입었다. 하마터면 죽을 뻔했다. 주변 사람들이 그를 성으로 옮겼고, 몽테뉴는 원래의 상태를 되찾았다. 하지만 한동안 의식이 있는 둥 없는 둥 해서 그는 당시 텅 빈 공중에 떠 있는 듯한 느낌을

---

3 앙투안 콩파뇽, 《인생의 맛》(책세상, 2014), 81쪽. 해설을 작성하면서 다음 자료를 참고했다. 사라 베이크웰, 《어떻게 살 것인가》(책읽는수요일, 2012). 솔 프램튼, 《내가 고양이를 데리고 노는 것일까, 고양이가 나를 데리고 노는 것일까?》(책읽는수요일, 2012). 홋타 요시에, 《몽테뉴》(한길사, 1999). 박홍규, 《몽테뉴의 숲에서 거닐다》(청어람미디어, 2004). 이왕주, 《상처의 인문학》(다음생각, 2014).

4 1568년 6월 18일, '더없이 훌륭한 아버지' 피에르 에켐 드 몽테뉴가 사망한다. 신장결석 발작으로 인한 합병증이 그 원인으로 추정된다.

받았다고 한다.

생명이 입술 끝에 간신히 매달려 있는 듯싶었다. 나는 생명을 밖으로 밀어내는 것을 돕기라도 하는 양 두 눈을 감았다. 그리고 기운이 멀리 빠져나가도록 나 자신을 내버려두게 되는 상황을 음미했다. 물론 그것은 내 영혼의 표면을 떠도는 상상에 불과했고, 나머지 다른 요소들과 마찬가지로 약하고 희미한 것이었다. 그렇지만 사실 거기에는 불쾌한 느낌이 전혀 없었을 뿐더러, 마치 잠이 스르르 올 때와 같은 감미로움마저 섞여 있었다. (제2권 6장)

몽테뉴는 〈훈련에 대하여〉에서 당시의 사고를 회상했다. 그는 이 글에서 죽음은 "우리가 완수해야 할 가장 큰 과업"이지만 그렇다고 예행연습을 할 수 없는 일이라고 탄식한다.

우리가 완수해야 할 가장 큰 과업인 죽음의 경우에는 어떤 실질적인 훈련도 별 도움이 되지 않는다. 사람은 경험과 습관을 통해 고통과 수치와 가난, 그리고 그와 유사한 어려움이나 시련에 맞서 자기를 굳건하게 단련할 수 있다. 하지만 죽음은 평생 단 한 번밖에 겪어보지 못한다. 죽음에 직면해서 우리는 모두 초심자이다. (제2권 6장)

몽테뉴의 인생관을 그렇게 바꾸어놓은 낙마 사고는 불과 몇 분 사이에 일어났지만, 그 영향은 몇 년 동안이나 계속되었다. 몽테뉴는 그때 자신이 겪었던 일을 회상하면서 철학자들의 책에서 얻은 지식과 대조하는 데 많은 시간을 보낸다. 그리고 그로부터 몇 년이 지나 책상에 앉아 그 낙마 사고에 관한 이야기를 비롯해, 다양한 주제에 대해 글을 쓰기 시작한다.

몽테뉴는 1572년경에 《수상록》을 집필하기 시작하는데, 그때까지 그는 두 가지 방식으로 생활을 영위하고 있었다. 한편으로는 보르도 정계에서 법관직을 수행하고 있었고, 다른 한편으로는 자신의 영지를 관리하고 있었다. 그러다가 1570년에 법관직 사임을 결심하게 된다. 몽테뉴가 이렇게 결심한 배경에는 낙마 사고 이외에 또 다른 이유가 있었다. "법원의 고위직을 지원했으나 거절당했던 것이다. 정적들이 그의 승진을 막았던 것으로 보인다. 이런 경우 항의하거나 맞서 싸우는 것이 상례지만 그는 사임하기로 했다. 화가 나서였거나 아니면 환멸을 느꼈기 때문인 것 같다. 아니면 죽음을 직접 체험한 탓에 남동생마저 잃어 인생관이 달라졌기 때문인지도 모른다."[5]

몽테뉴는 공식적으로 1570년 7월 23일에 보르도 고등법원 법관직을 가까운 친구인 플로리몽 드 레몽 Florimond de Raemond에게 넘겨준다. 그리고 그는 그해 말이나 이듬해 초쯤 아버지에게서 물려받은 몽테뉴 영지의 성으로 돌아온다.

몽테뉴의 아버지 피에르 드 몽테뉴가 건립한 성에는 커다랗고 둥근 16세기 양식의 탑이 있었다. 그 탑의 4층에 몽테뉴의 서재가 있었다. 1571년 2월 28일, 자신의 생일에 몽테뉴는 서재 옆방의 난로 위쪽 벽에 라틴어로 은퇴사를 적어두었다.

---

[5] 사라 베이크웰, 《어떻게 살 것인가》, 39쪽.

루이 데지레 티에농, 〈몽테뉴의 거주지로 사용되었던 탑의 전경, 도르도뉴주〉, 19세기

그리스도교력 1571년 3월 초하루 전날, 미셸 드 몽테뉴는 서른여덟 번째 생일을 맞이하여, 이미 오래전부터 고등법원에서의 굴종과 공직의 부담에 혐오를 느껴왔기에, 아직 원기가 왕성할 때, 그리 많이 남지 않은 생을 학예學藝의 여신들의 품에서 아무 근심 없이 평온하게 보내기 위해 이곳에 은거했다. 바라건대 운명이 그로 하여금 조상 대대로 안락한 은신처였던 이곳을 수리하고, 그리하여 자유와 평온과 여가를 향유할 수 있게 해주기 바란다.[6]

몽테뉴는 이 구석진 탑에서 하루의 대부분을 보내며 책을 읽고 명상을 하고, 집필을 한다. 그 당시의 심경은 《수상록》 1권에 실린 〈무위에 대하여〉에 담겨 있다. 이 글은 몽테뉴가 왜 《수상록》을 쓰기 시작했는지를 밝혀준다는 점에서 매우 흥미롭다.

---

[6] Philippe Desan, "Bibliotheque de Montaigne", in *Dictionnaire de Michel de Montaigne* (Paris, Honore Champion, 2007), p. 127.

최근에 나는 사람들에게서 떠나와 얼마 남지 않은 생을 조용하고 평안하게 지내는 것 말고는 되도록 다른 일에 관여하지 않기로 결심하고 나의 성城으로 물러앉았다. 내 정신을 완전히 무위에 맡기고, 정신이 스스로 상태를 유지하게 하고, 내 속에 자리를 잡고 편히 쉬도록 내버려두는 것 이상으로 내가 정신에 할 수 있는 일은 없으리라고 생각했다. 앞으로 내 정신이 시간이 지날수록 무게를 더하고 원숙해지면, 보다 쉽게 그런 생활을 할 수 있으리라고 기대했다. 그런데 나는 "무위는 항상 방황하는 정신을 낳는다"(루카누스)는 것을 깨달았다. 오히려 정신은 고삐 풀린 말[馬]처럼 타인의 일에 힘쓰기보다 백 곱절이나 자기 자신의 일에 더 마음을 쏟는다는 것을 알았다. 또한 내 정신은 질서도 상호 연관성도 없이, 수많은 망상이나 기괴한 괴물을 계속해서 만들어내는 것이었다. 그리하여 나는 그 두서없고 괴이한 꼴을 관찰하기 위해, 그리고 언젠가는 내 정신이 그것들을 보고 스스로 부끄럽게 여기기를 기대하면서 그것들을 종이에 적기 시작했다. (제1권 8장)

몽테뉴가 은퇴한 이유는 그 무엇보다 조용히 살면서 정신을 성숙하게 하고, "온전한 자신이 되어" 책의 "품속"에 파묻히기 위해서였다. 고대 철학자 키케로와 마찬가지로 "몽테뉴는 인간은 공적 삶이나 사회, 직장에서는 진정한 자신으로 살 수 없으며, 고독과 명상과 독서 속에서 비로소 온전한 자신을 되찾을 수 있다고 생각했다."[7]

하지만 홀로 성의 탑으로 물러앉아 빈둥거리다 보니 갖가지 이상한 생각이 떠오르고 정신은 고삐 풀린 말처럼 사방으로 날뛰며, 법관 시절보다 더 산만해졌다. "수많은 망상이나 기괴한 괴물"이 그의 정신을 지배했다.

몽테뉴는 그래서 글을 써보자는 생각을 했다고 말한다. 불안을 잠재우고 그 기괴한 괴물들을 다스리기 위한 수단으로, 또는 치료약으로 삼고자 글을 쓰기로 했다는 것이다. 세네카는 이렇게 권했다. "은둔 생활을 할 때 우울해지거나 따분해지면 자기 자신을 돌아

---

7 앙투안 콩파뇽, 《인생의 맛》, 53쪽.

보고 각종 사물의 다양성과 숭고함에 관심을 둬라. 구원은 자연에 주의를 집중하는 데 달려 있다." 몽테뉴는 여기서 언급된 '자연'을 가장 가까이에 놓여 있는 자연 현상, 즉 자기 자신을 뜻하는 것이라고 받아들였다. 그리하여 자신의 상념을 정리하고, 자신의 경험을 관찰하고, '나는 누구인가? 내가 알고 있는 것은 무엇인가?'라는 근원적인 질문을 자기 자신에게 던지면서 그 내용을 글로 옮기기 시작했다.

이 책은 다양하고 유동적인 잡다한 사건들과 갈피를 잡을 수 없는 생각들, 때로는 서로 모순되기도 하는 생각들의 기록이다. 나 자신이 다른 나로 바뀌기 때문일 수도 있고, 내가 다른 상황이나 다른 관점에서 주제를 다룰 수도 있기 때문이다. 어쨌든 경우에 따라 내가 모순되는 말을 하더라도, 데마데스가 말했듯이, 진실에 어긋나지는 않을 것이다. 만일 내 영혼이 자리를 잡을 수만 있다면, 나는 나 자신을 다시 문제 삼지 않고 결단을 내릴 것이다. 그런데 내 영혼은 늘 수행 중이며 시련을 겪고 있다.

나는 여기에 변변찮고 광채 없는 한 인생을 드러낼 테지만, 상관없다. 모든 도덕 철학은 평범하고 소박한 개인의 삶에도, 좀 더 풍부하고 다채로운 천을 입힌 삶에도 똑같이 적용되게 마련이니까. 사람은 너나없이 인간이라면 누구나 가진 조건을 자기 속에 고스란히 지니고 있다. (제3권 2장)

《수상록》의 집필은 1571년에 시작되어 1592년에 몽테뉴가 죽기 직전까지 약 20년 동안 계속되었다. 《수상록》 초판은 1580년, 보르도에서 현지 출판업자인 시몽 밀랑주에 의해 간행되었다. 아주 얇은 책 두 권으로 되어 있었던 이 초판은 수많은 가필과 수정을 거치면서 제1권 57장, 제2권 37장, 제3권 13장, 모두 107장으로 된 방대한 작품이 되었다.

몽테뉴는 이 책을 출간하면서 제목을 '에세'라고 붙였는데, '에세'는 프랑스어로 '시험'이나 '시도', '경험'을 의미한다. 몽테뉴가 이렇게 제목을 붙인 이유는 "자신에게 질문을 던지고, 그 질문에 대한 사색의 결과물을 담았다는 집필 의도를 표현하기 위해서"였다. 이 책은 '에세이'라는 글쓰기 장르의 기원이 됐다.

몽테뉴는 이 책의 저술을 통해 사유를 '실험'했다. 그는 자신의 경험, 책, 여행, 자신이 만난 사람, 믿음, 감정 등 다양한 주제를 두루 다루었으며, 때로는 자신의 성생활, 자신이 키우는 고양이에 대해서도 깊이 생각하고 그 이치를 따졌다. 그는 평생 '나는 무엇을 아는가?Que sais-je?'라는 반성적 질문을 품고서 "인간과 관련된"[8] 거의 모든 것에 대해 사유하고 그 결과를 책의 여백 혹은 뒷면에 꼼꼼히 기록했다.

《수상록》은 몽테뉴가 집필한 유일한 책이다. 그의 생애, 자신과 세계, 인간과 동물, 종교와 과학, 교육과 형벌, 남녀평등, 자연과 문명, 권력과 평등, 삶과 죽음 등에 대한 성찰이 이 책에 집약되어 있다. 학자나 성직자들의 공용어였던 라틴어[9]가 아닌 16세기 당시 통용

---

8 몽테뉴의 서재 천장의 들보에는 그리스어 경구 30개, 라틴어 경구 36개와 자리만 확인된 9개, 총 75개의 경구가 남아 있다. 그중에는 당시 인문주의자들의 좌우명인 테렌티우스의 "내가 인간이라면, 인간과 관련된 것은 어느 것도 나와 무관하지 않다"라는 유명한 경구도 포함되어 있다. 천장의 경구 중 마지막 것만이 프랑스어로 되어 있는데, 그것이 바로 '크세주Que sais-je'라는 문장이다. 이 문장은 나중에 프랑스에서 가장 유명한 문고본 시리즈의 이름이 되었다.

몽테뉴 성의 탑 천장 들보에 새겨진 그리스어와 라틴어 경구들
유일하게 프랑스어로 적혀 있는 마지막 경구가 바로 그 유명한
"나는 무엇을 아는가?Que sais-je?"이다.

되던 거칠고 조악한 프랑스어로 기록된 이 책은, 약동감 넘치는 매력적인 문체에도 불구하고 읽기가 쉽지만은 않다. 하지만 우리에게 삶의 지혜는 물론이고 현실 문제에 대한 해답이 배어나는 보석 같은 문장들을 발견하는 기쁨을 주는 것만은 분명하다.

세계는 영원히 흔들리는 그네에 불과하다

《수상록》을 읽다 보면 세계의 불확실성, 세상의 유동성, 그로 인한 우리의 무력함 등에 대한 언급이 곳곳에서 눈에 띈다. 특히 제3권 2장 〈후회에 대하여〉(이 책 111쪽)에는 그에 대한 몽테뉴의 성찰이 담겨 있다. 그는 여기서 자신이 집필 과정에서 깨달은 지혜를 집약해 이야기한다. 그것은 유동성 안에서의 불변성이라는 역설이다.

---

9 아버지 덕분에 몽테뉴는 어려서부터 가정교사에게 라틴어 교육을 철저히 받았고, 이미 여섯 살 때 교사들이 감탄할 정도로 정확한 라틴어를 구사할 수 있었다. 그는 중학교 입학 이후 라틴어 고전을 탐독하는 일에 몰두했다.

세계는 영원히 흔들리는 그네에 불과하다. 모든 것은 끊임없이 흔들린다. 대지도, 캅카스의 바위도, 이집트의 피라미드도 세계 전체의 운동과 그 자체의 운동으로 움직이고 있다. 영원불변함 자체도 사실은 시들어 힘이 없는 움직임에 불과하다. 나는 내 연구의 대상에 대해 확신할 수 없다. 그는 자연스러운 취기의 영향을 받은 것처럼 비틀거리고 망설이면서 앞으로 나아간다. 나는 그가 존재하고 있는 상태 그대로, 내가 흥미를 느낀 순간의 그를 붙든다. (제3권 2장)

몽테뉴도 진리를 찾는다. 그러나 이토록 불안정하고 불확실한 세상에서 진리를 발견한다는 것은 불가능하다. 고대 그리스 철학자 헤라클레이토스는 "판타 레이Panta rei"라고 말했다. '만물은 유전한다'는 뜻이다. 지상에 있는 모든 것은 영원불변하지 않다. 대지도, 바위도, 아무리 굳고 단단한 건축물도 변한다. 사유하는 주체도 움직이고, 사유의 대상도 움직인다. 이런 마당에 어떻게 견고하고 신뢰할 만한 지식을 얻을 수 있단 말인가?

결국 우리의 존재에도 영원불변한 것은 하나도 없다. 우리도, 우리의 판단도, 그리고 죽음을 면할 수 없는 모든 생명도 끊임없이 유전한다. 따라서 확실한 것은 하나도 입증될 수 없다. 판단의 주체도, 판단의 대상도 끊임없는 변화와 동요 속에 있기 때문이다. (제2권 12장)

진리라는 것은 파도처럼 요동치며 그때그때 변하는 것이고, 우리가 따라가는 와중에도 시시각각 변하는 변덕스러운 것이다. 우리가 확실한 생각 하나를 포착했다고 생각하는 그 순간, 확실성은 이내 해체되고, 우리 자신은 이미 다른 곳에 가 있다. 그래서 몽테뉴는 다음과 같이 말했다.

나는 존재를 그리지 않는다. 내가 그리는 것은 과정이다. 한 시기에서 다른 시기, 또는 사람들이 말하듯 칠 년씩의 과정이 아니라 하루하루 순간순간을 그린다. (제3권 2장)

세상이 변하는 순간 나도 변한다. 자신의 경험과 사유를 기록한 《수상록》에서 몽테뉴는 겸허하게 세상 만물이 얼마나 쉼 없이 변하는지를 기술하고 있다. 몽테뉴는 우리의 앎이 지닌 지극히 제한적인 성격과 우리가 내리는 판단의 유동적 측면을 인식했다. 그래서 인간이 집착하는 삶이나 진리란 것도 결국은 "헛되고 헛된" 일로 보았다. 그 때문에 몽테뉴는 "존재가 무엇인지를 형이상학적으로 탐구하기보다는, 그저 시간과 공간 속에서 덧없이 흔들리는 존재들의 추이를 묘사하고 그리는 데 더 큰 관심을 가졌다"[10]

1578년, 마흔다섯 살의 몽테뉴는 갑작스럽고 격렬한 신장결석 증세로 큰 고통을 겪는다. "피까지 토하고, 경련에 시달리고, 때로는 눈에서 닭똥 같은 눈물이 넘쳐흐르고, 시커먼 오줌을 내보내거나 뾰족하게 곤두선 결석 때문에 오줌이 막히고, 음경을 바늘로 찌르는 듯한 통증이나 쥐어뜯는 듯한 통증"을 느꼈다.

몽테뉴의 아버지도 신장결석으로 세상을 떠나기

10　김운하, 《카프카의 서재》(한권의책, 2013), 262쪽.

프랑수아 케넬, 1588년경의 몽테뉴

전까지 무려 7년 동안 극심한 고통에 시달리며 통증을 견디지 못해 혼절하곤 했다. 몽테뉴는 이 병이 "온갖 질병 중에서 가장 고약하고 가장 갑작스럽고 가장 고통스럽고 가장 치명적이며 가장 치료하기 어려운 병"이라고 말했다. 그는 신장결석이 생기면 죽을 수도 있다는 사실을 알았다. 때로는 고통이 너무 심해서 차라리 죽기를 바라기도 했다. 하지만 그는 참으로 그다운 방법으로 결석의 통증과 사귀는 법을 마침내 터득하고 만다.

> 통증에서 이득을 얻은 것도 있다. 여태까지는 죽음과 완전히 화해하여 친하게 지내지 못했지만, 통증이 그것을 이루어줄 것 같다는 점이다. 통증이 나를 괴롭히고 귀찮게 굴수록 나는 죽음을 덜 두려워하게 될 테니까. (제2권 37장)

몽테뉴는 결석 통증을 온천욕으로 고치는 법 등에 관해서 다양한 글을 남겼다. 그는 자신이 앓는 질병과 관련된 현상을 관찰하고 기록하면서 '미셸 드 몽테뉴'

라는 자아를 세밀하게 탐색하게 되었다. 발작이 일어난 후 결석이 빠져나갈 때의 '달콤하고' '홀가분한' 느낌은 말로 표현할 수 없는 것이었다.

> 돌이 빠져나가면서 극심한 통증이 마치 번개라도 친 듯, 자유롭고 충만한 건강의 아름다운 빛을 되찾았을 때의 그 갑작스러운 변화에 견줄 만한 달콤한 순간이 또 있겠는가? 통증이 갑자기 완화되었을 때 느끼는 기쁨을 무엇에 빗댈 수 있겠는가? 질병과 건강이 서로 치장한 채 가까이 접근해 상대방과 다투고 있을 때, 병을 치르고 난 뒤의 건강은 얼마나 더 아름답게 보일까? (제3권 13장)

발작은 여전히 고통스러웠지만, 침착한 몽테뉴의 '정신'은 육체의 통증까지도 평정심을 유지한 채 바라볼 수 있게 되면서 이윽고 결석증과도 우정을 느끼며 사귀게 되었다.

> 나는 벌써 결석의 고통과 화해하기로 했다. 나는 고

통에서 위로와 희망을 발견한다. (제2권 37장)

질병은 인간의 자연스러운 모습이다. "질병은 태어날 때부터 정해진 운명과 수명을 갖고 있다. 그런데 그 운명에 거역하고 억지로 병의 수명을 단축하려 들면, 병의 수명은 오히려 연장되고 수도 늘어나고, 병을 진정시키기는커녕 오히려 흥분시키게 된다." 질병에도 출구를 열어주지 않으면 안 된다. 질병을 철저히 뿌리 뽑으려 하기보다는 함께 사는 법을 익혀야 한다. 몽테뉴는 "자연이 하는 대로 맡겨두는 것이 좋다. 자연은 우리보다 훨씬 잘 알고 있다."라고 말한다.

몽테뉴는 나이 듦에 대해서도 비슷한 교훈을 얻었다. 나이가 든다고, 경험이 많이 쌓인다고 삶의 지혜가 저절로 생기는 것은 아니었다. 오히려 그는 젊은 사람보다 나이 많은 사람에게 허영심과 성격상의 결함이 더 많이 생긴다고 생각했다.

우리의 영혼은 젊었을 때보다 늙었을 때에 더 거북하고 난처한 질병이나 결함에 얽매이는 것 같다. 나는 젊은 시절에 이미 이런 이야기를 했다. 그때는 사람들이 나를 비웃었다. 턱에 수염도 나지 않은 주제에 그런 말을 한다고 말이다. 허옇게 센 머리칼 때문에 사람들의 신임을 얻고 있는 지금 이 순간에도 나는 같은 이야기를 한다. 우리는 성질이 까다롭고 현재의 사물에 대해 염증을 느끼는 것을 '지혜'라고 부른다. 그런데 사실 사람들은 되도록 악덕을 버리지 않으면서 악덕을 바꾸려고 한다. 내가 보기에는 그것이 최악의 방법인데 말이다. 어리석고 비생산적인 자존심과 진력나는 잔소리, 까다롭고 비사교적인 성미, 미신, 그리고 쓸모없는 부에 대한 꼴같잖은 취향 따위 말고도, 나는 노년에서 더 많은 시기심과 부당함과 심술궂음을 발견한다. 노년이 되면 얼굴보다 정신에 더 많은 주름살이 생긴다. 늙어가면서 시큼해지고 곰팡내 나지 않는 영혼이란 없으며, 있다 해도 매우 드물다. (제3권 2장)

나이가 들면 어리석고 비생산적인 자존심을 내세우고 따분한 수다나 떨고, 사소한 일에 걸핏하면 성을 내고, 비사교적으로 변하고, 미신에 사로잡히고, 아무 쓸모 없는 부에 대해 걱정하는 경향을 띤다. 그러나 이것은 한쪽으로 기울거나 쏠린 것이다. 올바른 방향이 아니다. 나이 듦의 가치는 그러한 결함을 바로잡는 데 있기 때문이다. 노인이 되면 젊었을 때보다는 자신이 과오를 범하기 쉬운 존재라는 것을 인정할 기회가 더 자주 생긴다. 자신의 육체와 정신에 새겨진 쇠퇴의 흔적을 보면서 자신도 부족하고 유한하고 한계가 있는 인간이라는 사실을 받아들인다. 나이를 먹는다고 현명해지지는 않는다는 사실을 이해하면 일종의 지혜를 얻게 되는 셈이다. 결국 사는 법을 배우는 것은 이렇게 결함과 함께 살아가고 결함도 기꺼이 받아들이는 법을 배우는 것이다.

우리의 존재는 갖가지 병적인 자질들로 단단히 짜 맞춰져 있다. 야심, 질투, 시기심, 복수, 미신, 절망 등이 아주 자연스럽게 우리들 속에 자리 잡고 있기 때문에 우리는 이런 모습이 짐승들에게도 있는 것을 알아본다. 잔인성은 자연스러운 것이 아니다. 그러나 우리는 동정심을 느끼는 와중에 우리 속에서 남이 고통받는 것을 지켜보는 심술궂은 쾌감의 새콤달콤하면서도 따끔따끔한 뭔가를 느낀다. 어린아이들도 이것을 느낀다. "폭풍우 속의 바람이 파도를 뒤집어엎을 때 해안에 서서 남이 난파되는 모습을 보기란 즐거운 일이다."(루크레티우스) 그러나 누군가가 이런 행동의 씨앗을 인간에게서 제거한다면 우리 삶의 근본적인 조건들도 동시에 파괴될 것이다. (제3권 1장)

인생에서 죽음은 가장 가벼운 항목에 속한다

'죽음'은 몽테뉴가 평생 몰두한 주제 가운데 하나이다. 어찌 보면 《수상록》은 죽음 준비의 일환이었다고 할 수 있다. 몽테뉴는 《수상록》의 첫 번째 장인 〈사람들은 여러 가지 방법으로 같은 결과에 도달한다〉부터 제3권 맨 끄트머리에 실린 〈경험에 대하여〉에 이르기까지 이 문제를 반복해서 끄집어낸다.

몽테뉴는 죽음은 우리가 피할 수 없는 문제라고 했

다. 《수상록》 제1권 전반부에서 "우리 인생의 최종 목표는 죽음이다. 죽음은 우리 운명의 필연적인 목표다."라고 말하면서 "죽음이 두렵다면 어떻게 떨지 않고 어떻게 떨지 않고 한 발짝이라도 앞으로 내디딜 수 있겠는가?"라고 반문한다. 그리고 다소 과장되고 허풍스럽게 다음과 같이 주장한다.

> 따라서 우리가 평생 하고 있는 그 밖의 모든 행위는 이 마지막 행위를 시금석으로 하여 평가되어야 한다. 그것은 가장 중요한 날이고, 다른 모든 날을 재판하는 날이다. 어느 옛사람의 말대로, 과거의 모든 세월을 재판해야 할 날이다. 나는 내가 공부한 성과를 시험하는 일을 죽음에 맡긴다. 그때가 되면 내 말이 말뿐인지, 아니면 마음속에서 우러나온 것인지를 알 수 있게 될 것이다. (제1권 18장)

몽테뉴는 죽음에 관한 주제를 다루면서 초기에 쓴 글에서는 그와 같은 역경에 대처할 수 있도록 수련하라고 말한다. 그는 먼저 고대 로마의 정치가이자 철학자 키케로의 명제 "철학이란 어떻게 죽을 것인가를 배우는 것이다."라는 주장에 동의하는 데서 출발한다. 고래로 죽음에 관한 수많은 철학적 논의와 진술은 결국 죽음의 준비에 초점을 맞추고 있다는 것이다.

몽테뉴는 '죽음을 어떻게 준비해야 하는가'라는 물음에 대해 대략 세 가지 태도를 제시한다. 첫째, 죽음을 외면하고 보고도 못 본 체하는 것이다. 몽테뉴가 보기에 일반 대중의 이런 태도는 망각과 맹목의 상태이다. 몽테뉴는 이 태도에 대해 이렇게 반문한다. "하지만 얼마나 짐승처럼 우둔하면 그렇게 무지몽매할 수 있단 말인가. 그것은 당나귀의 꼬리에 굴레를 씌워 끌고 가는 것과 같다." 죽음은 외면한다고 사라지고 등 돌린다고 없어지는 것이 아니다.

그뿐만 아니라 많은 경우에 죽음은 예고 없이 닥친다. 나이도 가리지 않는다. "인류 중에서 가장 위대한 인간"이었던 알렉산드로스 대왕도 서른세 살에 죽었다. 죽음은 두려운 것이다. 그래서 보지 않으려고 눈을 돌리는 것은 누구나 가질 수 있는 태도이다. 몽테뉴도 분별없이 허세를 부리지는 않는다. 만약 피해서

필립 드 샹파뉴, 〈두개골이 있는 정물〉(바니타스화), 1671년경

되는 일이라면 어떤 짓을 해서라도 피할 것이라고 솔직하게 말한다.

걱정할 게 뭐 있느냐고, 어떻게 죽든 그게 무슨 상관이냐고 당신은 말할 수도 있다. 물론 나도 그렇게 생각한다. 죽음의 습격을 피할 수만 있다면, 나는 송아지 가죽을 뒤집어쓰는 일도 마다하지 않을 것이다.
(제1권 19장)

둘째는 자나 깨나 죽음을 생각하며 대비하는 것이다. 널리 알려진 경구인 '메멘토 모리 memento mori'(죽음을 기억하라)에 담겨 있는 지혜이기도 하다. 몽테뉴는 아무도 죽음을 피할 수 없으니 죽음과 친밀해지라고 조언한다. 죽음에 대해 생각하는 훈련을 하고, 죽음에 대해 따져 논함으로써 죽음에 익숙해지라는 것이다.

그러므로 죽음이라는 적에 당당히 맞서 싸우는 법을 배우자. 우선 적이 우리에 대해 지닌 강점을 빼앗기 위해 사람들이 흔히 선택하는 길과는 정반대의 길을 택하자. 적에게서 그 기이한 면을 없애고, 적과 자주 사귀어 익숙해지고, 무엇보다도 죽음을 종종 염두에 두도록 하자. 매 순간 죽음을, 죽음의 온갖 모습을 상상 속에 그리자. 말[馬]이 딴 길로 벗어나도, 기왓장이 떨어져도, 장식 핀에 살짝만 찔려도, "그래, 만일 이게 죽음이라면?" 하고 되새기면서 죽음에 대해 단단해지자. 그리고 우리 자신을 강하게 단련하자. (제1권 19장)

또한 몽테뉴는 자연이 우리에게 죽음을 학습할 수단을 마련해준다고 말한다. 그것은 노화다. 청춘에서 노년으로, 그리고 죽음으로 이어지는 과정이 단절 없이 계속 진행되기 때문에, 노화의 과정을 통해 우리는 서서히 죽음을 준비할 수 있는 것이다.

신은 생명을 조금씩 빼앗아감으로써 인간에게 은총을 베푼다. 이것이 노화의 유일한 미덕이다. 노화를 겪으며 조금씩 죽어온 덕분에 마지막 순간에 죽음이 완전하지도 고통스럽지도 않은 것이다. 그 상태에서 죽음은 그저 존재의 절반, 혹은 사분의 일만 죽는 것

이기 때문이다. (제3권 13장)

　노화의 이점은 우리가 갑작스레 죽음을 맞이하지 않고 점진적으로 죽음과 가까워지게 한다는 것이다. 인간의 삶은 죽음을 향해 전진하는 것이다. 산다는 것은 죽음을 향한 길 위에 존재하는 것이다. 그러므로 삶의 마지막 시기에도 우리는 두려워할 필요가 없다.
　죽음을 생각하고 죽음에 맞설 준비를 한다면 우리는 삶에 굴종하지 않고 '자유'를 당당히 얻게 된다. 죽음을 미리 받아들이면서 '선구적' 깨달음을 얻게 되는 것이다.

　죽음이 어디서 우리를 기다리는지 알 수 없으니 어디서든 죽음을 기다리자. 죽음에 대해 미리 생각하는 것은 자유에 대해 미리 생각하는 것이다. 죽는 것을 배운 사람은 노예 상태에서 벗어난 사람이다. 생명의 상실이 나쁜 것만은 아님을 깨달은 사람에게 인생에서 나쁜 것이란 아무것도 없다. 죽는 법을 알면 우리는 모든 예속과 속박에서 벗어난다. (제1권 19장)

하지만 죽음을 '길들이고' 매일 생각하다 보면 삶이 어둡고 칙칙할 수 있다. 죽음을 연습하는 것이 아무리 현명하고 이치에 합당한 태도라 하더라도 그것을 실천하며 살아가기란 쉽지 않다. 몽테뉴는 그래서 되받아 묻는다. 오직 "단 한 번만" 일어나는 일에 대해 그리 슬퍼할 필요가 있는지, 짧은 순간에 끝날 일을 그토록 오랫동안 두려워하는 게 과연 합당한지.

그토록 짧은 시간 동안의 일을 그토록 오랫동안 두려워할 이유가 있을까? 오래 사나 일찍 죽으나 죽음의 관점에서 보면 마찬가지다. 더 이상 존재하지 않는 사물에는 길고 짧음이 적용될 수 없기 때문이다. 아리스토텔레스에 따르면, 히파니스강에는 단 하루밖에 살지 못하는 작은 동물들이 있다고 한다. 그 동물들 중 아침 여덟 시에 죽는 동물은 청춘에 죽는 것이고, 오후 다섯 시에 죽는 동물은 노후에 죽는 것이다. 이토록 짧은 동안의 일로 행복이니 불행이니 하는 것을 보고 웃지 않을 사람이 있을까? (제1권 19장)

셋째는, 죽음은 대비할 수 없으니 홀로 찾아오도록 내버려두라는 것이다. 몽테뉴는 제2권 6장 〈훈련에 대하여〉에서 자신이 타고 가던 말에서 떨어져 죽을 뻔했던 예기치 못한 사고를 회고한다. 그는 자신의 낙마 경험만이 아니라, 페스트와 전쟁의 참화 속에서 과거에는 경멸했던 '일반 대중'이 죽음을 대하는 태도를 접하고 깨달은 바가 있었다. 평범한 백성들의 '무심함' 이야말로 죽음 앞에서 우리가 가져야 할 참된 지혜이며, 그들이 죽어갈 때 보이는 모습은, 죽음 자체와 죽음에 대한 긴 준비 때문에 이중고에 시달렸던 아리스토텔레스보다 더 아름답다.

우리는 죽음을 걱정하느라 제대로 살지 못하고, 삶을 걱정하느라 제대로 죽지 못한다. 죽음에 대한 걱정은 우리에게 고통을 주고, 삶에 대한 걱정은 우리에게 공포를 준다. 우리가 죽음을 준비하는 것은 죽음 자체에 대비하기 위함이 아니다. 왜냐하면 그것은 너무나 순간적인 것이기 때문이다. 별다른 영향이나 손해 없이 끝나는 십오 분 동안의 고통을 위해 그렇게 특별한 가르침을 받을 필요는 없다. (…) 죽음은 인생의 끝일 뿐 목표는 아닌 것 같다. 그것은 인생의 종말이자 인생의 종국이지 그 목적은 아닌 것이다. 인생은 그 자체가 목표이고 목적이어야 한다. (3권 12장)

몽테뉴는 한때 키케로의 말대로 "철학이란 어떻게 죽을 것인가를 배우는 것"이며 "철학자의 일생은 죽음에 대해 명상하는 것"이라고 생각한 적이 있었다. 하지만 이제는 생각이 바뀌었다. 그는 이렇게 조언한다.

죽는 법을 모른다고 걱정하지 마라. 자연이 그 즉시 충분하게 잘 가르쳐줄 것이다. 자연이 당신을 위해 이 일을 빈틈없이 처리할 테니, 그 때문에 공연히 속 썩을 필요는 없다. (제3권 12장)

몽테뉴가 《수상록》에서 그려 보인 죽음을 받아들이는 태도와 더불어 그가 제시한 죽음의 두려움을 극복하는 방식은 적절할 수도 있고, 전혀 적절하지 않을 수도 있다. 하지만 어쨌든 죽음에 대한 그러한 사고와 사색을 통해서 그 자신을 그토록 짓누르던 죽음의 중압에서 벗어나게 된 것만은 분명하다.

죽음 연습 또는 그의 표현을 빌리면 "죽음 훈련exercitation"이라고도 할 수 있는 낙마 사고에서 회복되면서, 그리고 페스트를 맞닥뜨린 인간의 태도를 목도하면서 몽테뉴의 인생관은 바뀌었다. '죽음에 대해 공연히 걱정할 필요가 없다'가 그의 기본 신조가 되었다. 그것은 '어떻게 살 것인가?'라는 물음에 대한 대답 중에서 가장 근본적이고 가장 구속이나 억압, 부담이 없는 대답이 되었다.

《수상록》의 마지막 장인 〈경험에 대하여〉는 몽테뉴가 삶에서 최종적으로 얻은 지혜를 드러낸다. '삶의 기쁨을 만끽하자.' '자연에 순응해 살자.' '지금 이 순간을 즐기자.' '별것 아닌 일로 덤벙대지 말자.' '페스티나 렌테Festina lente, 천천히 서두를 것.' 프랑스의 우화 작가 장 드 라퐁텐Jean de La Fontaine(1621-1695)이 〈토끼와 거북이〉에서 말한 바 있는 이 역설적 라틴어 금언이 요약하는 바를 몽테뉴는 자신만의 방식으로 다음과 같이 표현한다.

나는 지극히 사적인 '어휘 사전' 같은 것을 가지고 있다. 나는 날씨가 나쁘거나 불쾌하면 시간을 '통과'시킨다. 그러나 날씨가 좋을 때는 시간을 '통과'시키지 않는다. 시간을 몇 번이고 맛보고, 그 시간에 멈춰 있다. 나쁜 시간은 통과시키고 좋은 시간은 붙잡아야 한다. (제3권 13장)

몽테뉴에게 인생이란 "고달프고 경멸해야 하는 것"이 아니라 "소중한 것, 유쾌한 것"이다. 인생을 온통 미래에 맞춰놓고 사는 자들에게 그는 다음과 같이 말한다. 카르페 디엠Carpe diem, 현재를 즐겨라. 영화 〈죽은 시인의 사회〉에서 도전과 자유 정신을 상징하는 대사로 쓰이면서 대중적으로도 유명해진 이 말은 본래 고대 로마의 시인 호라티우스의 라틴어 시의 한 구절이다. "현재를 잡아라, 가급적 내일이란 말은 최소한만 믿어라." 죽음에 대해 쓸데없이 걱정하지 말고 오늘 이 순간을 충만하게 즐기라는 것이다.

나는 춤출 때 춤추고 잠잘 때 잠잔다. 아름다운 과수

원을 혼자 거닐 때, 때로는 내 생각이 산책과 상관없는 일들로 방해를 받지만, 나는 곧 그 생각들을 산책으로, 과수원으로, 고독의 감미로움으로, 나 자신에게로 돌아오게 한다. (제3권 13장)

높은 학설로 무장한 스토아학파의 경건한 지침서를 덮고, 커다란 인생의 책을 펼친 것이다. 몽테뉴는 말년에 쓴 글에서 "인간의 지극한 복은 행복하게 죽는 것이 아니라 행복하게 사는 것이다"라고 말한다. 그는 다른 곳에 가 있는 생각들을 "다시 끌어오고", 인생이라는 과수원을 거니는 속도를 늦추면서, 가능한 한 삶의 "감미로움"과 "아름다움"을 입안 가득 무는 것이 우리 모두의 과제라고 생각했다. 순간을 움켜쥐는 것, 그것이 바로 삶의 윤리이자 미학이라고.

아테네인들이 폼페이우스의 아테네 방문에 경의를 표하기 위해 적은 고상한 문구는 내 생각과 일치한다.
"그대는 그대 자신을 인간으로 인정하니 / 그만큼 그대는 신이로다." (플루타르코스)

자기 존재를 있는 그대로 누리는 것이야말로 절대적인 완성이며, 신적인 완성이다. 우리는 자신의 처지를 이해하려고 노력하지 않기 때문에 남의 처지를 탐하며, 자신의 내부에서 무슨 일이 벌어지고 있는지 모르기 때문에 자기 밖으로 나가려 한다. 죽마를 타봤자 부질없는 노릇이다. 죽마를 타면서도 우리는 역시 자신의 발로 걸어야 한다. 또 세상에서 가장 높은 자리에 오른다 해도 자기 엉덩이로 앉기는 매한가지다.

내가 보기에 가장 아름다운 삶은 보편적이고 인간적인 본보기를 따르는 삶, 질서가 있으면서 특별함도 괴상함도 없는 보통의 삶이다. (제3권 13장)

미셸 에켐 드 몽테뉴는 1592년 9월 13일 자신의 성에서 죽음을 맞았다. 9월 초에 결석이 재발했는데, 그 염증이 목까지 퍼지면서 심한 후두염을 일으켰고, 그것이 악화하여 9일부터 위독 상태에 빠졌다. 마지막 며칠간 몽테뉴는 목이 부어올라 말을 할 수 없었다. 귀나 입을 잃는 것보다 눈을 잃는 것이 낫다고 할 정도로 대화하기를 좋아했던 그에게 특히나 모질고 혹

몽테뉴 성의 탑에 보존되어 있는 몽테뉴의 서재
이 공간에서 몽테뉴는 인간, 그리고 삶과 죽음을 성찰하며 《수상록》을 썼다.

몽테뉴가 머물렀던 탑의 전경
"자기 존재를 있는 그대로 누리는 것이야말로
절대적인 완성이며, 신적인 완성이다."

독한 고통이었으리라.

몽테뉴는 《수상록》에서 "나는 내가 양배추를 심고 있을 때, 죽음에 무관심하고 완성되지 않은 정원에도 무관심할 때 죽음이 찾아오기를 바란다."라고 밝혔다. 그리고 어디에선가 이렇게 말했다. "나는 죽음이 끊임없이 내 목구멍과 허리를 거머잡고 있는 듯한 기분이 든다. 하지만 나는 남들과 다르다. 죽음을 어디에서 맞이하게 되건 내게는 마찬가지다. 그렇지만 내가 선택할 수 있다면 침대 위에서보다는 말을 타고 가다가, 집 안보다는 집 밖에서, 식구들과 멀리 떨어진 곳에서 죽고 싶다. 좋아하는 이들과 작별하기란 위안보다 오히려 가슴이 미어지는 듯한 고통을 안겨준다."

그러나 그런 그의 소망과는 달리 가족과 친구들, 마을 신부가 입회한 가운데 가톨릭 전통에 따라 임종을 맞이했다고 전해진다. 향년 59세 7개월이었다.

죽음을 모른다고 걱정하지 마라

2025년 9월 30일 초판 1쇄 발행

지은이	미셸 에켐 드 몽테뉴
옮긴이	고봉만

펴낸곳	도서출판 아를
등록	제406-2019-000044호 (2019년 5월 2일)
주소	10881 경기도 파주시 문발로 139, 407호
전화	031-942-1832
팩스	0303-3445-1832
이메일	press.arles@gmail.com

© 고봉만 2025
ISBN 979-11-93955-14-7 03160

이 책은 저작권법에 의해 보호받는 저작물이므로 무단 전재와 복제를 금합니다.
이 책 내용의 전부 또는 일부를 이용하려면 반드시 저작권자와 도서출판 아를의
서면 동의를 받아야 합니다.

• 책값은 뒤표지에 표시되어 있습니다.
• 잘못된 책은 구입하신 서점에서 교환해드립니다.

아를ARLES은 빈센트 반 고흐가 사랑한 남프랑스의 도시입니다.
아를 출판사의 책은 사유하는 일상의 기쁨, 아름다움을 발견하는 즐거움을 드립니다.
◦ 페이스북 @pressarles   ◦ 인스타그램 @pressarles   ◦ 트위터 @press_arles